時の余白に 続

芥川喜好

みすず書房

時の余白に 続

目次

二〇一一年

二〇一二年

二〇一三年

二〇一四年

二〇一七年

装画　丹阿弥《たんあみ》丹波子《にわこ》

二〇一一年

〈さくら '02〉

自転車　三界に家なし

都市の自転車は、かなしい乗り物です。

車なら車道を走ればいい。歩行者なら歩道を歩けばいい。自転車はどこを行くのか。専用レーンなどという気のきいたものは、簡単には出来ません。狭い国の、狭い道に、人も車もあふれて、自転車の居場所が見えません。

ほんとうは「車道の左側端」が自転車の道です。車と同様、道交法が適用されるれっきとした「軽車両」です。なのに乗り方の基本を誰も知らない。街へ出れば自転車が当然のような顔をして歩道を走っています。邪魔な歩行者を、ベルを鳴らしてけ散らします。通行人の間を縫うように走ります。傘をさし、携帯電話で話しながらの片手運転もあります。猛スピードで行く狼藉《ろうぜき》者、数知れず。

冷静に考えれば分かりそうなものですが、みんなアウトです。むろん自転車が通行できる区間もあるし、老人子供の場合も通れます。規定外でも、幼児を乗せた母親は認められるべきでしょう。それも含めて歩道走行は「例外」なのです。とはいっても車道の左端は障害物だらけ。要するにあんたの安住の地はないよと言われているようなものです。三界に家なし。それが都市自転車の宿命です。

テレビでは、東京の商店主たちが決死の思いで違法自転車に立ち向かう話が報じられていました。若者が悪態をついて逆襲してきます。先日の警視庁による取り締まりでは、いい年をした大人が信号無視やブレーキなしのピスト使用で次々に検挙されていました。考えてみれば誰も教育を受けていないのです。軽車両として法規制を受けながら、教習も資格試験もない。いつ、どこで、誰に、乗り方を習うのか。

自転車大国のオランダでは、小学校に自転車教育が取り入れられ、試験に合格することが卒業の条件だと以前きいたことがあります。社会的道具の使い方は早いうちに教えこむ。マナーの向上を呼びかける程度ですむ問題ではありません。取り締まりも随分手ぬるいものでした。自宅近くの歩道の危険を所轄署に訴えても「自転車まで手が回らない」の一言です。事故の急増という事態を前に、ようやく厳罰化の方針が打ち出されたようです。

せめて他人の命へのわずかな気遣いがあれば――そういう社会の空気があれば――険悪なことにはならないのに、それがない。他人のことが眼中にない。他者も生きていることへの想像力がない。だから他者との距離が分からない。現代の自転車問題は、戦後六十何年の人間教育のあり方に属する部分もありそうです。

自転車を嘆くだけのつもりが、そうも言っていられなくなりました。伊藤礼さんの『大東京ぐるぐる自転車』（東海教育研究所）という本を読んでしまったからです。長く大学で英語を教え、「チャタレイ夫人の恋人」の新訳も手がけた文学者です。定年間近のある日、車で通った大学まで十二キロの道を自転車で行ってみようと思い立ちます。

勇躍こぎ出したものの、二キロ地点であえなく沈没。なぜかと考え、体を点検し、体のすべてが疲労していることを突きとめ、絶望し、いや休めば大丈夫、だがそれでは授業に遅れる、いや押していけば日没前には着く——と、さめた頭で次々に思考をめぐらし窮地を脱していきます。

十二キロを自転車で行くことは、そのほぼ全域で背後から襲いかかる車やトラックやバスやバイクの恐怖にじっと耐えることだという発見もありました。初乗りで多くを学んで伊藤先生の自転車生活は花開きます。距離に慣れ、体も鍛えられ、またがればそのままどこまでも行けそうで胸が躍る。都内各地への探検が始まります。

文章が痛快です。何が痛快か。論じることなくひたすら描写している点です。何を描写するのか。自転車で走る道すがら身の回りに起きたこと、それについて自分が反応し考えたことを、逐一描写するのです。

それが何ともおかしい。時に抱腹絶倒の事態を生じます。人間の日常の細部自体が本来おかしいものであることを、自転車という身の丈の乗り物を通していねいに暴いていく。いつか日常の時間を突っ切って、現世の価値観も効率性も意味を失った、のびやかな時空を旅しています。今年の収穫というべき、語りの芸です。

自転車談義を聞きながら、父伊藤整さんの風貌をそこに重ねたとき、先生の声が大きくなりました。「日本中の警察署長が、毎日の朝礼で、自転車は車道左側端を走れと言い続けるだけで、日本は変わります。対面交通も変えるべきです」。ひたすら車道左側端を走り続ける正統自転車乗りの、身をもって導き出した提言です。

（10・22）

「正義不在」の時代

中村正義《まさよし》という画家のことを昨年四月の本欄で書きました。写楽に肉筆画はないという世の通念に疑問を抱いたのがきっかけで写楽研究にのめりこみ、徹底した作品分析と自らの画家の目をもって、この謎の絵師の実像に迫る一大研究を成した人という話でした。

写楽が好きだったわけではない。絵師なら肉筆画があって当たり前なのに、妙な通念だけが横行する。誰も自分の頭で考えようとせず、通念を疑ってみようともしない。その事態が彼には我慢ならなかったのです。

そういう人だった。世の不合理なもの、不公正なもの、不正直なものに正面から異議を唱え、その姿勢で最も因習的な日本画の世界を生きた。当然そこからはみ出し、戦いを続行し、病気で体をぼろぼろにされたあげく五十二歳で早世した——。

と書くといかにも「斃死《へいし》」の印象ですが、そうではない。

没後三十四年をへて、いま郷里の豊橋に近い名古屋市美術館で、待望の回顧展「日本画壇の風雲児　中村正義　新たなる全貌」が開かれています。変転をきわめた彼の画業は、むしろ折々の自分の描きたいものを存分に描いた率直さに貫かれて、ある充足感すら漂います。

十七歳で日本画を始め、二十二歳で画壇の大家中村岳陵に入門して日展に初入選します。敗戦直後、日本画滅亡論も言われた時代です。その後も順調に入選を重ね三十六歳で審査員を務めます。天性の画才をもって、安定したメチエとしての日本画をひたすら掘り下げる道もあったでしょう。しかし彼には体制を成すもの、人を支配しようとするものへの嫌悪があった。作家とはそういうものへの批判精神そのものであるべきだ、という強烈な意識があった。

孤愁の漂う初期風景画の清澄さは、彼の良き資質の一つです。それが舞妓《まいこ》などを題材に、思い切り自由な形態をもつ原色の人間世界に変わっていく。日本画の通念を叩き壊そうというあからさまな挑戦です。ユーモラスな形態の底に、瞋恚《しんい》の炎がゆらめきます。

とりわけ彼の怒りが集中したのは日本芸術院の制度でした。帝国美術院を前身とする、「芸術上の功績顕著な芸術家」を優遇するための栄誉機関です。会員には年金二百五十万円が支給され、資格は終身です。この制度をめぐる議論は以前からありました。そもそも「栄誉」「権威」などというものを授ける国の機関が現代の社会で円満に機能するはずはない。あらゆる手段を弄して（業績など関係なしに）栄誉を手にしようとする人間が必ず出てくるからです。

そんな者のために国民の税金を使っていいのか、という正義の怒りは正当なものでした。彼の時代、日展での序列はそのまま芸術院への道だった。美術界の情実体質は芸術院が元凶だと正義は主張し、日展に対抗する自由な団体を旗揚げして世の目を覚まさせようとします。

「かつてこれほどの心からの怒りを吐き続けた人を私は知らない」と、正義を知る中村哲《あきら》氏（元法政大総長、故人）は言いました。正義自身に言わせれば「今の日本には本当のことを言う人間がいなくなった」ことこそ、怒りの根源でした。

正義と同年生まれの詩人吉本隆明氏は、正義が華々しく登場したころ、戦後詩の記念すべき一行を書いています。すなわち「ぼくが真実を口にするとほとんど全世界を凍らせるだろうという妄想によって　ぼくは廃人であるそうだ」（『転位のための十篇』より）。両者の間には何の関係もありませんが、新しい世界を志す戦後の表現者たちの足元を撃ち続けた一つの共通の意識が、そこにはあるようです。

四十三歳で大手術を受けたころの「正義不在」という書の作品があります。せいぎ、と読めば意味は明白。まさよし、と読めば自分の消えた世への危惧にも似た彼の思いがくみとれます。いまの芸術院を見ると、文芸部門はおおむね順当な顔ぶれですが、美術部門は相変わらずよく分からない。功績顕著な人と功績不明な人が入りまじっている。むろん正義は、芸術院のあり方を一典型として日本という人間の集団そのものの体質を問うていたのです。

戦後絵画の一つの思想的骨格を示す中村正義という稀有の世界を、あらゆる文献資料で跡づけた大著『ドキュメント　時代と刺し違えた画家　中村正義の生涯』も、この秋刊行されました。著者の笹木繁男さん（現代美術資料センター主宰）は言います。

「作品のなかに人を魅了するものがあって売れっ子だったのに、自分の描きたくないものは決して描かなかった。フェアでない社会にどこまでも抵抗して初心を貫き通した男です」

そんな作家がいま何人いるだろうかということです。

（11・26）

ホルショフスキーの奇跡

毎年十二月には、担当している大学の授業でホルショフスキーの話をします。テーマは「芸術と商業主義」。

ホルショフスキー？　誰も知りません。十九世紀末ポーランド生まれのピアニストですが、日本では「無名」の存在です。生涯に一度だけ来日したことがあります。一九八七年十二月、東京・カザルスホールのオープニングに招かれ、バッハ、モーツァルト、ヴィラ・ロボス、ショパンを演奏しています。

知られていないはずの演奏家のコンサートは、さしたる前宣伝もなしに五百余の席がたちまち売り切れ、急ぎ追加された翌々日の公演も満員となります。知る人は知っていたのです。信じ難いことに、このときホルショフスキーは九十五歳でした。その少し前には、名声を誇る七十代後半のピアノの巨匠が初来日して大騒ぎになり、途方もない入場料で散々な演奏をきかせて去ったばかりです。

九十五歳の演奏はそういうものとはまるで違う、生気あふれる、みずみずしくも熱い、見事なものだったといいます。当方その歴史的公演を聴き逃しました。演奏会を二晩とも聴いて驚き、本人にインタビューも敢行した音楽評論家石井宏さんのご教示によります。

聴衆の多くはピアノの演奏家や学習者、愛好家でした。ピアノを愛する人々が、自らの要請で、会場を満員にしたのです。バッハ、モーツァルト、ショパンが別々のタッチで弾き分けられ、それぞれの音で鳴るさまは会場を打ちのめします。涙を流して聴き入る姿もあります。

授業では、当夜のライブ録音のCDを冒頭に聴かせます。芸術学部の学生とはいえバッハもモーツァルトも馴染《なじ》みがない。「ふん」という顔で聴いていますが、この演奏の背景を語り始めると、けっこう真剣な表情に変わります。

日本では「無名」のホルショフスキーは、欧米では知られた存在でした。九歳でデビューして天才少年と言われ、世界各地を演奏旅行して歩きますが、青年期にいったん音楽を離れ、大学で哲学を学んでいます。そういう「自らの要請」があった人ということです。

その才能を愛したチェロ奏者カザルスらの強い勧めで音楽に戻った後は、ソロ、室内楽、カザルスの伴奏者としての活動に打ちこみます。自己顕示欲の強くない、むしろ音楽を楽しみ、深め、自らの生きる糧とする演奏者だったのでしょう。

ナチスに追われてアメリカへ移住した後、一九五〇年代半ばごろから消息は途絶えます。世は

ＬＰの興隆期、派手なスター演奏家たちの評判が日本にも伝わり、尾ひれがついて広まった時代です。地味な人には目もくれなくなったのです。

そうした背景には、音楽家を人気と話題性でスター（売り物）に仕立てるアメリカの圧倒的な商業主義があったと、石井さんは指摘します。鳴り物入りで来日した著名な音楽家の演奏を聴いてつまらぬ思いをした経験は、当方にも何度もあります。内容を問うことのない、話題最優先のスター主義は、今も芸術と呼ばれる世界を骨がらみ侵して人間の傲慢をはびこらせています。

そんな俗世間にはおかまいなく、ホルショフスキーは演奏を楽しみ、深め、若手を育てる音楽の日々を悠々送っていたようです。自分を売りこむことも、影響力をもつ人間に擦り寄ることもなかったのでしょう。三十余年をへて、世間の側が気づき、再び外の舞台に現れたとき、あの奇跡のような音楽を鳴らしてみせたのです。

「人間の精神と肉体が九十五歳まで健康に営まれたとき、どれほど見事な存在になるかを教えてくれている」、それがホルショフスキーだと石井さんは言います。謙虚に、自らの成すべきを成すだけのことが、どれほど難しいかという話でもあります。

人々が同じ言葉を口にし、同じもの、同じ人をもてはやす現象は、いわば現代における商業主義の勝利の風景です。みな一緒に盛り上がりながら、その実、人間一人の想像力や判断力の貧しさを語っているようにみえます。

ホルショフスキーは九十九歳まで演奏会を開き、百一歳を目前に亡くなりました。生涯現役、などということさらな流行語はふさわしくない。それが彼にとっての自然なスタイルだったというだけのことです。

十二月にホルショフスキーの話をしてきたのは、たった一度の来日が十二月だったからということもあります。それよりも、年の終わりに彼を思い出し、その純度の高い音楽を聴いて心が洗われる、一年の煤払《すす》いをした気分になれる、という効用があることに、気づいたところです。

（12・24）

二〇一二年

〈棚〉

現代のおとぎ話です

昨年の震災以来、テレビやラジオの放送をつけっ放しにしている時間が増えました。何となく。今さらのようですが、そこで気づいたことがあります。半世紀もの間、聞く習慣をなくしていたラジオで、出てくる人のおしゃべりの速度が格段に速くなっていたということです。短い時間のなかに情報を詰めこんでいるのか。言いたいことがそれほど多いのか。とにかく言葉数が多い。うんざりするほど多い。

かつてラジオのインタビュー番組には、語り手の話にじっくり耳を傾け、聞き手は相づちをうつ程度、という静けさがありました。今は聞き手も自分の意見をしゃべりまくって語り手がかすんでしまったりする。しゃべりまくれば必然的に声の調子も高く、強くなります。高く、強くなれば、いずれ「俺が俺が」「私が私が」の世界になります。

テレビの番組ではもはや既定の事実にすぎないそうした現象――相手の話に割りこんで自説を主張する作法が、一部とはいえラジオにも生じていることに時の流れを感じました。先日の深夜ラジオで聞いたある歌い手の話は、大半が強い自己肯定の内容で、さすがにげんなりしました。ひるがえってテレビを思えば、自分で自分を持ち上げるような話ばかりがあふれて何だか異常な世界に入りこんだ気がしてきます。

一風変わった知人がいました。いつも静かに、相手を気遣いながら、しかし明るくゆっくりとしゃべる人でした。仮にOさんと呼んでおきます。

Oさんは出版関係、特に詩の世界では知られたフリーの校正者でした。八丁堀に生まれ育った生粋の東京下町人です。自分が関係した詩集や雑誌が出来ると、よく新聞社まで届けに来てくれました。魂胆あってのことではない。読んでおけばあんたの役に立つこともあるだろうという話です。長い付き合いを通し、自分のために何かをしてくれと彼が頼んできたことは、ただの一度もありません。

何かと理由をつけては人を慰労する席を設け、うまいものを食わせようとする。彼の友人知己で、その振る舞いの恩恵に浴さなかった者はいません。本人はどうしているかというと、人々のさんざめきに包まれて静かにうれしそうに座っている。酒は一滴も飲めません。死ぬほど好きな野球チームが勝ち続けると、地元下町の名産品が各方面に配られる（負け続けると入院してしまう）。「文化人」ですが熊さん八つぁん的な人の好《よ》さがありました。

人間の関係は「やりとり」です。「遣《や》る」と「取る」。差し出すものもあれば、受け取るものもある。その相互性でバランスもとれている。彼は決して返礼というものを受けなかった。その意味では全くバランスの悪い関係ですが、彼に何の打算もなく、自分を主張するいかなる意図もなかったゆえに、その一方的に「与える」行為を、多くの人々が心に深く甘美に受けとめていたことを、先日になって知りました。

しばらく闘病を続けていたOさんは、人々が新年を祝いあっている元日の午後、東京近郊のホスピスで静かに逝きました。七十歳だったことを初めて知りました。自分を語る欲望をもたない人でした。葬式は身内だけでという遺志に反して焼香希望者が殺到し、通常の通夜・告別式になりました。斎場は詩人や出版人からの生花であふれ返りました。

数日後に銀座で開かれた「感謝の会」は、四十人ほどが駆けつけて、自分はどう与えられたか、どう贈られたかを披露しあう、賑やかな集まりになりました。そのこと自体が、現代のおとぎ話のようなものです。詩集の出版や詩人の生活支援に、ひそかに自腹を切っていたらしいことも分かりました。資産家でも何でもない、生涯独身を通し月十万あれば暮らせると言っていた残りを、人のために使っていたようなのです。

彼の真情は知る由もありませんが、遺族によれば、そうした「侠気」は少年時代からのものだったといいます。

現代に欠けているものを思います。それは「与える」こと、そして「譲る」ことです。大災害をへてもなお、時代は「奪いあって」います。自分が得をしたい。自分が優位に立ちたい。そのための自己主張であり、自己誇示であり、強者へのおもねりでしょう。

Oさんの生は、その意味で全く反時代的なものでした。不思議な存在感を残して彼は去り、去ったあとに何とも温かいものが残りました。感謝の会に言葉を寄せた海外在住のある詩人は、それを「愚直で、泣きたくなるくらい優しい江戸庶民の心情」と評しました。人の徳と呼ぶほかないものに、この時代にめぐりあえた幸福を、皆で喜びあったのです。

（1・28）

視線は低く　思いは高く

ある展覧会を見ながら、以前この欄で紹介したことのある宮迫《みやさこ》千鶴《ちづる》さんの言葉を思い出していました。

四年前に惜しくも六十歳で亡くなった画家、エッセイスト。自然を伸びやかに抽象化した清新な絵画と、生命の根源に向かう想像力にみちた文章で、比類なき存在感を示した人です。四十歳前後の一時期、新聞紙上に本音の辛口時評を展開するコラムニストでもありました。そのなかで、たとえば「過労死」という言葉をめぐって宮迫さんは問いかけます。

なぜ男たちは人生で私生活を大切にする価値を見失ってしまったのか。なぜかくも組織絶対で、企業の強いる非人間的な過労に異議を申し立てないのか。なぜもっと自分の生命を慈しんで生きないのか。家事に関する想像力のない、「暮らし」や「いのち」に鈍感な男たちが、この地球の環境を汚染してきたのではないか——と。

むろん暮らしや生命の危機に気づいている男もいる、そもそも男か女かの問題ではない、人間としての思想や理念のあり方だ、と続くコラムで宮迫さんは言い、議論が一方的になるのを避けています。ただ、この国の近現代を主に動かしてきた男たちの視線の方向を考えるとき、指摘のように、それが自分の足下へ向くよりは上の方へ、天下の形勢へ、動向へと専ら向いてきた感は否めません。

美術の世界でいえば、中央に集まった上昇志向の強い人々が「壇」を形成し、生活を顧みず権力を握るための制作と政治に励んだ時代があった。生活破綻者でも芸術家と呼ばれれば一丁前だった。文化以外の分野でも、おしなべて男たちの視線は上を向き、尊大傲慢を志向してきたと言えるでしょう。

そんなことを考えたのは「今《こん》和次郎　採集講義」と題する展覧会（パナソニック汐留ミュージアム）の会場でした。一言で言うなら、「ああ、全く視線の方向の違う男がここにいる」という世界だったのです。

「考現学」という言葉があります。同時代の社会現象や世相風俗を調査、研究して現在を知る方法、というほどの現代用語ですが、出自は明確で、昭和二年、早稲田大学建築学科教授だった今和次郎が研究仲間と開いた「しらべもの」展で初めて使った私造語です。

どんな「しらべもの」か。彼らは銀座の中央通りを歩きながら、道行く人々の年代、服装、所持品、職業から男の髭の形、女のスカートの丈まで、百以上の項目を観察し、スケッチと数字でまとめあげます。調査は下町にも郊外にも及びます。商店に並ぶ品物、新婚家庭の持ち物などを洗いざらい調べる「悉皆《しっかい》調査」も敢行します。

日常に目を向け、その細部をあらゆる角度から記録することで、時代を具体的に描き出す。人々の喜びは、楽しみは、日々の思いは、何だったのか。肌で触れるように分かります。そうした調査のきっかけは、関東大震災でした。被災者が瓦礫のなかからあり合わせの材料で建て始めた最小限の器――バラックに、今和次郎は人間とモノの関わりの原景を見ます。描きまくったスケッチは、焦土から立ち上がる民の力を直接的にとらえた記録です。

もともと彼は東京美術学校で鍛えたスケッチの腕を買われて柳田國男の民家調査に加わり、人間の暮らしに向ける柔らかくも好奇心にみちたまなざしを養ってきた人でした。「採集講義」展に見るその民家スケッチは、対象に食らいつくような「表現」ではありません。穏やかに、平明に、ほどよい距離を保ちながら、人とそれを包むものの「たたずまい」を描いています。

その平明さのなかに、民が自分たちの日常をどう丁寧に、心を尽くして築いてきたかが語られています。むしろ距離感のうちに、そこに生きる人間の生身の感覚が浮かびます。関東大震災では彼自身が被災者でした。「東京の土の上に、じっと立ってみた」と言っています。静かに人間の悲惨に向きあい、自らの身体感覚に立って考えようとした人の姿がそこにあります。

十八歳で青森から上京した今和次郎は「上昇予備軍」でもあったはずです。たまたま踏みこんだ研究の道で、民家、バラック、街頭、身の回り、と視線は常に低きを這い続けました。あるときは「湿地ばかり選んで匍《は》い歩くカタツブリ」に自らをたとえ、「陽当りに闊歩《かっぽ》している読者はどうか私のようなみっともない運命に堕ちないように……立派な公認文化のうちに生活をば築いて」と書いています。自嘲を装いつつ、上ばかり向きたがる世間を皮肉ってみせたのです。人間の卑小な本質に目ざめていた、稀有の近代人の気概です。

（2・25）

書き残さずにはいられない

江戸時代の末、この狭い国土に十九万ほどの村があったといいます。枝村のような小集落も含めての数字です。一村あたり百五十人、三十世帯くらいが平均像だったようです。当たり前の話ですがその一つ一つの村、一人一人の人間に、血が通っていた。生きて、動いていた。それぞれの生があり、生と生の交わりがあった。

総人口は今の何分の一かにすぎませんが、そこに生きた人々の営みの細部を想像するなら、気の遠くなるような広がりと奥行きが見えてきます。そうした村の多くが、外からは全く知られぬまま生じ、どれほどの間か続き、消えていきました。ひそかな営みは誰からも目を向けられず、記録もされず、存在すら確認されぬまま地上から消滅したのです。

奥会津の三条村もその一つになるはずでした。在野の民俗研究者筒井功《いさお》さんによって最後の姿が目撃され、記録にとどめられたのは、幸運というべきかもしれません。三十五年前の夏、筒井さんはイワナ釣りのために国鉄只見線の駅から只見川の支流を遡り、山中深く分け入ります。その道沿いに突然、十戸ほどの茅《かや》ぶき集落が現れます。（こんな所に人が住んでいる……）何年か同じ釣り場に通い、そのたびに集落を通過します。人の姿を見かけることはめったになかったといいます。やがて釣り場を変え、十年ぶりに山菜採りで訪れた時、村は無人でした。残った何軒かの家は雪で潰れています。さらに何年か後。建物はきれいに無くなり、集落の痕跡すら見当たりませんでした。

「小さな山村の臨終をはからずも目撃した」筒井さんは、村の来歴を知りたいと思います。一次資料はありません。戦国時代の検地記録、江戸期の新編会津風土記など可能な限りの周辺資料を突きあわせ、現地に聞きとりをし、四百年前にはすでに村があったこと、戸数は十戸前後で推移してきたことなどを明らかにします。どんな人々の住む、どんな性格の集落だったのか、推理をまじえて輪郭を描き出します。

報告は近刊の『新・忘れられた日本人』（河出書房新社）に収められました。文献上の証拠を欠いたものは歴史家が聞いたら鼻で笑うかもしれない、と筒井さんは書いています。

本には、ひっそり生きた民の足跡を独自の調査で追った記録が、他にも五編収録されています。歴史や民俗の「学」のためではない。辺境に生きた人、生きざるを得なかった人に深く心を寄せるがゆえの、調べ歩きの記録です。「書き残さずにはいられない」。だから書く。

注目されるのは都市ばかりです。現代人の多くが「中心」へ、「にぎわい」の方へと意識の方向づけをされ、あらゆる場に都市的繁華を生み出すことを絶対価値として疑うこともない。

筒井さんは軽自動車に寝袋を積み、現代の逆方向へ、人のまばらな方へ、周縁へ、山中の闇へと入っていきます。年に百日はそうして村から村へ人跡をたどります。「そういう体質なんですね。中心からズレて行く。世の中には必ず何パーセントか、辺境の方を見ていたい人間がいる。そういうことではないですかね」

「なぜこんなところに住むのかと、誰もが思うでしょう。それは食うためです。つい半世紀前まで、日本人にとって生きるとは食うことだった。平地は競争が激しいし、排除される者が必ず出てきますから」

辺境に生きざるを得なかった人々とは、多くの場合、差別を受ける側の人々でした。軽自動車の向かう先は、サンカと呼ばれる非定住民の住居だったり、戦国時代に朝鮮から連れてこられた陶工の子孫の住む地区だったりしました。

かつて民俗学の祖・柳田國男は、調査相手からなかなか話を聞き出せないことを嘆いたことがあります。立派な髭を生やし、紹介者や案内人を引き連れ、時には人力車で乗りこむフィールドワークでは相手が警戒するのも当然でしょう。アカデミズムの限界です。

筒井さんは野宿しながらの単独行です。軽自動車を走らせ、目的の地区に着いたら野良にいる人、擦れ違う人に片端から話を聞いていく。じか当たり。取材記者の手法です。研究を始める前、共同通信の記者を二十年務めた経験が「きわめて有効と分かった」といいます。相手が触れたくないことでも聞かなければならない。だが誰にそんな権利があるのか。かろうじて、双方が対等な立場で、かつ話す側の自由が完全に保証される場合に、それは許されるのではないか。そう筒井さんは考えます。だから丸腰を通す。

書く動機は、職業化した関心でも、「立場」の利害でもない。あくまでも「好きでやっている」。むしろそれだけに、人間の生んできた理不尽への、純粋な、強い怒りが、内に秘められているようにみえるのです。

（3・24）

芯のある話

その製品を見て「美しい」と思ったのです。それは、「よく出来ている」「よく考えられている」ということでもありました。生協の商品カタログで見つけて取り寄せた、「大人の鉛筆」という名の筆記具です。

木目を生かした無垢の木軸と太く黒々した芯は、鉛筆そのものです。内蔵された芯の繰り出し機構と軸端の金具は、シャープペンシルです。手に持って、紙の上にさらさら書いた感触は――やはり鉛筆です。

余計なもののない、簡素なたたずまい。重心はわずかに先の方に寄って、手になじみます。作った人の神経が隅々に行き渡った、丁寧な造りです。包装もなかなか傑作です。厚紙を蛇腹式に折り畳んで中をくりぬき、鉛筆と芯削りを収めたもので、広げると作り手からのメッセージが現れます。「最近鉛筆を使っていますか？　日本の鉛筆の生産量は年々低下し、四十年前の三分の一になりました」

鉛筆屋の「家訓」も披露されています。「鉛筆は我が身を削って人の為になる立派な仕事」「利益など考えず、家業として続けるように」――と。何だか面白い。確かに、シャープやボールペンやパソコンに押されて鉛筆業界は苦闘しているでしょう。製品は、時代の速度に乗ることに躍起の大人の目を、再度鉛筆に向けさせようというアイデアでしょう。

しかし何よりも、この品物の造りにこもる作り手の「職人魂」のようなものに、感じ入ったのです。人生において善きものは、いい職人です。そして、いい職人の作り出すものです。道は違っても、いい職人には憧れます。職人仕事は、人を支配することも人に支配されることもない、自立した価値の世界です。ひたすら、もの作りに打ちこめばいい。その精度を上げることに励めばいい。一日が終われば、うまい酒を飲んで休む。ひっそりと生きられる。誰におべんちゃらを言うこともない。無口でいい。つまり政治をやらなくていい。上等な人生です。

ものごと、そううまく行くわけでもないでしょうが、この鉛筆の背後にも何だか頑固な人間が息づいている気がして、その人の話を聞きたいと思いました。多分、寡黙で取っつきにくいだろうけれど、かたい「芯」に触れられるだろう――と。

東京・荒川のほとり、町工場の多い葛飾の一角に、創業六十一年、その「北星《きたぼし》鉛筆」はありました。建物の壁に、大きく鉛筆が描かれています。

「私が作りました」と言って現れたのは恰幅のいい「経営者」であり、聞かされたのは鉛筆人生論、社会貢献論でした。立て板に水の弁舌。度肝を抜かれたとはこのことです。社長の杉谷《すぎたに》和俊さんでした。大学を出て真っすぐ家業の鉛筆作りを継いだ四代目です。

「右から左へ物が売れている時、新しい発想は出てきません。私どもは常に危機だったから、考えないとダメだった。どんな時も考え続けてきた。考え続けるのをやめた時、生み出す力もゼロになります」

たとえば、鉛筆はいつのまにか子供の使うものになってしまった。そのことを考え続ける頭に、工場見学に来た子連れの若い母親のつぶやきが飛びこんでくる。「大人も使える鉛筆があればいいのにね」。頭が回り始めます。昔作っていた繰り出し鉛筆をイメージしつつ、木製のシャープから鉛筆の芯が出てくる「大人の鉛筆」の構想がたちまちまとまります。昨年の話です。

鉛筆材の四割がおがくずとして捨てられていた時代がありました。これは研究を重ね、おがくずを固めて粉砕し良質なパウダーに変えて、「もくねんさん」という木の粘土を生み出します。乾燥すると木の作品になる画期的なもの。いま年間五十万個を売る人気商品です。それを発展させた「木の絵の具」も、都内の大学と共同で開発しました。すべて、木という再生可能資源を基本にした穏やかな循環型産業システムへの道と、杉谷さんは考えます。

その先に目ざしているものがある。「火力発電です。鉛筆材は一度煮てから乾かすので、おがくずパウダーは高効率の燃料になる。区内に進出する大学と組んで地下に発電所を作れば、究極の木のリサイクルですよ」

先祖は徳川の書記係でした。明治初期、曽祖父が屯田兵として北海道で鉛筆材製造を始め、戦後、祖父が東京で鉛筆の生産を開始——という、何とも筋の通った会社です。

自分も鉛筆が好きでやっているから嫌なことも苦しいこともない、と言います。芯にあるのは、やはり一途な職人魂です。

「鉛筆ですか？　芯が出ていれば必ず書ける。絶対に人を裏切らない。最終的に残ります」

（4・28）

絵は祈り　絵は予感する

若くして亡くなった哲学者の池田晶子さんは、「自分には本質的にしかものを考えられないという、どうしようもない癖がある」と、自らの哲学者たるゆえんを語っていました。そういう特別な頭脳でなくても、それなりに年を重ねれば、自分にとってどうでもいいこととどうでもよくないことの別はおのずとついてきます。

長年取材してきた美術の世界は、なぜか世間的な栄誉名声や権力を欲しがる人の多い、不思議な場所でした。むろんそれは物事の半面にすぎず、そうした人的動向や流行の思想に抗して独り自分のなすべきことをなす垂直の姿勢を保つ人にも、少なからず出会いました。

当然ながら、自分にとってどうでもよくないもの――つまり「本質的に考えさせてくれるもの」は、後者でした。この春先から初夏にかけて、そうした個人的関心をもって長年見てきた画家の発表が続き、半分隠居の身の眠気も吹っとびました。対照的な世界ですが、いずれも人間の根源に触れてくるものをもつ現代の造形です。

まず東海道線平塚駅から徒歩二十分、平塚市美術館で開かれている木下晋《すすむ》さんの展覧会「祈りの心」。三十年来、鉛筆による細密描写それのみで人間の存在感覚を抉り出してきた画家の集大成です。

出羽三山の注連寺本堂にこの人が描いた天井画『天空之扉』を、十五年前の日曜版で紹介したことがあります。奇怪な岩山を見るような、ごつごつしたシワだらけの手を合掌させたその巨大な祈りの図に、多くの読者から驚きの声が寄せられました。

母、娘、妻、老人、職人……その正視されることもない全体や部分を彼は見すえ、10Hから10Bまでの鉛筆の濃淡を使い分けて凝視の果ての形を描き出します。リアリズム、などというものをはるかにこえた、見えぬ内部が外側まで引き出されてきた超絶の風景です。

木下さんは油絵に希望を抱いてニューヨークへ赴き、そこで行き詰まって鉛筆に転じます。挫折の経験が逆方向への大きなエネルギーとなったのです。

その途上で人として出会った瞽女《ごぜ》の小林ハルさん、元ハンセン病患者の詩人桜井哲夫さんを描いた一連の作品によって、彼の絵画は人間表現の極北というべき深みに達します。どちらも激しい差別を生きぬいた人々です。彼らは運命に逆らわなかった。その絶対の孤独、絶対の静けさに、木下晋の鉛筆は正面から向かいます。

たとえばハルさんの見えない目の奥に、桜井さんのくずれた眼窩に、ほのかにともる光を探りあてます。人間は底から光を発しながら生きることを、木下さんは発見します。最小限の画材で限度まで対象に集中する画家の姿勢は、そのまま祈りの姿勢です。今日昨日の話ではない、木下晋は三十年かけて自らの祈りの姿勢を明らかにしてきた画家なのです。

新幹線三島駅北口から一分、大岡信ことば館で開かれている宇佐美圭司《けいじ》さんの新作中心の「制動・大洪水展」も、当方としては見逃せません。

半世紀をこえるこの人の絵画史は、一続きの壮大なドラマを見るような現代の偉観です。二十二年前と十五年前の二度、日曜版でも紹介しました。

画家が自分の意志や個性によって壮大な絵を描いてきたというより、作品が自らの意志で劇的な自律運動を続けてきたというべきかもしれません。そういう精妙な装置を彼は作った。

基本となるのは、投石し、走り、たたずみ、うずくまる四種の人型です。二十代半ば、アメリカで起きた暴動を伝える報道写真から切り抜いたものです。

それらが重なり、からみ、侵食し、分裂し、あるいは照応しながら多様な集合体を作り、大構造をなしていきます。その大きな運動感、現れる空間の宇宙的広がり、透明な色彩感、幾何学的な法則性が、見る者を魅了してきました。

画面はひとつの洗練の極を示したのち、そこから徐々に変質を始めます。二十数年前のことです。世界は激しく震動し、ひび割れ、ある「崩壊感覚」のうちに有機的な線や形態が漂い出します。傍らで画家が見守るなか、絵は自らの生理としてとどめようもなく渦を巻き、あふれ返り、溶け出していった。揺動は現在まで続いて、その行く末が巨大作六点を会場内に宙吊りにする形で示されます。

絵は自ら生きる、生きて予感する——と、大画面に巻きこまれながら実感します。新しい絵のあり方を提示するだけでなく、四十年かけてその行方を追い、見届けようとしてきたところにこの画家の本領があります。

（5・26）

人知れず命は燃え

六年前にこの連載を始めて間もないころ、東京・東麻布のギャルリーＭＭＧの閉廊について書いたことがあります。独自の哲学をもって現代を生きる、表現に「芯」をもつ内外の美術作家を数多く紹介した、硬派の画廊でした。

主宰する益田祐作さんの目は日本に紹介されていない現代美術の重要作家や、忘れ去られた日本の作家に向いていました。とりわけ重い衝撃をはらんだのは、東ドイツやポーランドなどかつての東欧世界の作家に光を当てる企画でした。

いわば亡命して「自由な」西側に出ることなく、東側にとどまった人々。個別の事情はともかく、内へ向いたその知られざる生命の持続の形に、益田さんは人間の生存にかかわる何事か根源的なテーマを見たのです。企画の成果は、いま『行動する眼』（アーツアンドクラフツ）として公刊されています。

西側へ出た人々とは、自らの自由のために行動した人々ということでしょう。その勇気が世の耳目を集めたでしょう。一方、とどまった人々は世の関心の外です。話題になることも、もてはやされることもない。深い孤絶のなかで、杭のように自らを垂直に打ちこんでいくしかない。ほんとうを言えば、人に顧みられることなく己に向き合わざるを得なかった生こそ、身一つでじかに世界に触れてきたリアリティーがあります。それに比べれば、脚光を浴びる生、もてはやされる生は、しょせん夢まぼろし、人の世の虚妄にすぎません。いずれ夢はさめるのです。

「あなたがむかし入れこんでいた人の作品が、いま松本で見られますよ」。旧知の画家からそう教えられて訪ねたのは、松本市美術館で開催中の「西郷孤月《こげつ》没後百年記念展示」です。入れこんだというほどでもありませんが、捨てておけない気がしていたのは確かです。

西郷孤月は、岡倉天心が明治三十一年に創設した日本美術院の中心にいた一人です。松本藩士の子に生まれ、東京美術学校の一期生として横山大観、下村観山らと同級になります。研究科修了と同時に助教授。のち美校騒動で校長を退いた天心に従い日本美術院の正員、評議員となった時、二十五歳でした。

当時のことを、『日本美術院史』は「中心中の中心を成せるもの、横山大観、菱田春草、下村観山、西郷孤月……」と書いています。直後、孤月は美校の師であり美術院主幹でもあった橋本雅邦《がほう》の娘を妻に迎えます。並み居るライバルを差しおいて、ということです。それだけ期待も大きかった。

彼らが試みた新しい日本画、つまり「朦朧体《もうろう》」と揶揄された没線描法は大観や春草の功ばかり言われますが、孤月が先んじていたふしもある。ほとんど唯一の代表作として東京芸大が伝えてきた二十四歳の作『春暖』が、そのあかしです。白いケシの咲き乱れる花畑にまどろむ一頭の白い農馬。躍動する線が描き出すその地平の上に、おぼろに浮かぶ雲。それこそ朦朧体の先駆けであり、甘美な夢の中を思わせる光景は、画家孤月の清新な感覚と先見性を語る近代の記念碑です。

しかし朦朧体はあくまでも大観や春草のものだった。孤月の名は出てきません。それどころか、彼の姿そのものが消え失せてしまいます。『院史』は明治三十五年の展覧会の項に、「没落せる孤月の名」が審査員中になかったと記しています。それが最後の記述だった。かつて孤月失脚の謎を追った美術評論家中村渓男《たにお》氏は、『院史』の草稿を見る機会を得、孤月に関する記述の多くが墨で塗りつぶされていたのを目撃しています。

何があったのかは推測の域を出ません。岳父となった雅邦は、もとは旧派の画家だった。その辺に確執の因があったのか。一年もたたず孤月は離婚しています。挑戦するように放蕩を繰り返したともいいます。

確かなのは彼が集団を離れ、離れることで歴史から消されたということです。集団に地歩を築いた者が脚光を浴び、そこから逸脱した者は落伍者、変人、異端として扱われてきた。そういう偏狭な人間観がこの国を支配してきたということです。

三十八年の生涯を閉じるまで彼がどこで何をしていたのか、少しずつ分かってきました。旅館を転々として画会を開き、絵を売って暮らしたらしい。松本市美術館の展示には、その時代の作もひっそり並びます。力のある作も、ない作も、胸に沁みます。孤月が己一人に向き合って描いた絵です。展示にはありませんが、絶作として知られるようになった二点の『台湾風景』には、孤月の世界が荒廃のまま終わっていなかったことを示す、深く澄んだまなざしがあります。

ひそかに復活を期しつつ、彼は旅の途上に倒れたのです。

（6・23）

豊穣は中心の外に

沸きたつ夏の到来です。

メディアを通してオリンピックの熱気が押し寄せてきます。圧倒的な臨場感のなかへ投げこまれます。しばらくは興奮また高揚の日が続きそうです。フェルメールもパンダもスカイツリーも沸きたっています。

一方、そうした世の盛り上がりとは無縁の夏を過ごす人もいるはずです。メディアの網を外れたところで、坦々と、あるいは喘ぎつつ、それどころではない暮らしをしている人の方が、おそらく多いのです。

そういう人々にいささかの思いを馳せながら、ある展覧会に足を運びました。それは、演出される大がかりな熱狂とは対照的な、ひそかな内からの熱狂というべき、未知の画家の途方もない展覧会でした。

多様なメディアの発達で、あらゆる些末な情報に至るまでが簡単に手に入る時代です。世に出るべき才能はメディアの力であらかた出尽くした、などと言われることもあります。しかし、こんな面白い画家が人知れず自分の仕事を貫徹していたことを誰も知らなかった。とりわけ文化関連メディアは、すでに知られている「権威」の価値を追認するだけの便乗感覚に染まりがちです。

急いで言い直しますが、船田玉樹《ぎょくじゅ》というその画家を、知る人は知っていた。彼が生まれ、後半生を送った広島では何度も個展を開いている。院展に出品し、東京でも個展を開いている。業績は十分、それでも彼は世に知られざる存在であり、未知の人だった。そこに、この国の近代美術の病弊ともいうべき、構造の問題があります。

まあそれは後で考えたことであり、東京・練馬区立美術館の「生誕百年　船田玉樹」展は、ある目まぐるしい変遷のなかに、およそやりたいことのすべてをやり尽くして去った作家の凄味があって圧倒されます。人気作家と称される人々の、「独自の様式」一本やりの痩せた世界とは異なる、奥行きも面白みもある豊かな世界です。

広島の画塾で油彩を学んだ玉樹は、二十歳で東京へ出た後、日本画に転じます。ピカソらの西欧現代絵画を見て、制作に限界を感じたといいます。油彩画家が「日本の油絵」創出に賭けた時代、彼はむしろ琳派などの日本絵画に可能性を見いだしたのです。すでにして大方とは別の方向を向いています。

速水御舟、小林古径に日本画の線描や色彩を学び、同時に、遠回りしても真っすぐに意志を貫く作家としての行き方を教えられます。前衛絵画にかかわった時期もあります。つまり美術界の内側はよく知っていた。

そこを離れたことが彼の豊穣の始まりでした。敗戦の前年、三十二歳の時、病気で除隊した彼は郷里の広島に帰り、そこで七十八歳の死まで制作を続けます。家族によれば、それは「小品から大作まで、抽象を描いているかと思うと具象を、水墨を描いていたかと思うと油絵を」という日々だった。

家の中には多くの未完作が散らばり、台所もアトリエと化します。せっかく仕上げた作品を、切り刻んで構成の研究に使ってしまう。そして「日に何度もの発見と挫折」の繰り返し。

描くものは主に自然の景ですが、対象にさまざまな角度から迫って存在へと食いこんでいく目が、強い印象を与えます。墨による瀑布、樹木、絢爛たる大屏風の梅、桜、松、紅葉など、画面には不思議な深度があって凝視する者は体ごとその奥へ引きずりこまれます。

孤立しているから、とことん、気の済むまでできた、ということです。かつての仲間から上京を要請されても彼は応じなかった。東京に出品しようとした大作を「大家の先生より大きなものを出すべきでない」と言われ、東京中心の序列世界の空々しさを改めて思い知るのです。

そういう作家の作品が、地元広島の県立美術館に何点かあった。十六年前に赴任以来、その絵の不思議にとりつかれた学芸員永井明生さんの時間をかけた調査研究によって、初めての回顧展が実現したのです。広島県美にも巡回します。

妙な話ですが、東京へ出てきてひとたび名を上げると、作品そのものは問われなくなる。その質量を比べるなら、「出た」人をはるかにしのぐ「出なかった」人がまだいるということです。そういう部分を精査していかぬ限り、まともな美術の歴史は編めないでしょう。（7・28）

満ち足りて、バラックで

人ごみを避け、熱狂を避けて夏を過ごしました。

人の行かない方へ行き、行列せず、身近な死者をひっそり弔い、坦々と日を送りました。

人と同じ方向を向かず、同じものを求めなければ、この狭い国土、騒然とした都市にも、まだゆったりした空間が広がっていることが分かります。

人と少し方向を変えるだけ、少し時間をずらすだけで、その空間は手に入ります。常に背後から追い立てられる心落ち着かぬ時代も、自分のペースで生きることができます。

この夏、当方にとってその場所の一つは、東京国立博物館の常設展第七室でした。国公立の大きな施設にあまり親しみは感じません。本質はお役所です。それゆえの取材上の悶着もありました。大型展の人混みも行列も苦手でした。それで三十三年も美術の担当を続けてきたのだから不思議な話です。

取材の中心を、展覧会よりも作家の制作現場においていたせいかもしれません。もう一つ、人のあまり来ない「常設展」という場に捨てがたい魅力を感じていたことも確かです。

美術館の展覧会といえば、特別な仕掛けのもとに開かれる企画展、つまりイベントばかりが注目されます。しかし館の所蔵品をテーマに沿って見せる常設展で、好みの作品に接するのは全く別種の喜びです。混雑はまずありません。ひそかに空間を独占し、まさに作品と「対峙」します。はやりすたりも関係ない。ただ己の興味あるのみ。至福の時間です。

東博常設展第七室に出ていたのは久隅《くすみ》守景の『納涼図屛風』という、江戸前期の絵画です。夏の夕、大きな実のなる夕顔棚の下で、月見をしながら涼をとる親子らしき三人のくつろいだ姿。吹く風は、すでに秋――。

移りゆく季節の情趣のなかに人間の情愛表現を包みこんだ、江戸絵画の名品です。墨画淡彩で余白の多い、遠目にはパッとしない画面ですが、近づいて三人のあたりに目を凝らし、そこからまた引いていくほどに、何というか、「かなしいまでの安らかさ」が伝わってくるのです。

四半世紀も前のことです。現代画家の平賀敬《けい》さんに「あんたは日本の美術史を専攻したそうだが、どんなものがいいですか」と聞かれ、「私なら久隅守景、浦上玉堂ですね。あとはキンキラキンですよ」と答えました、乱暴にも。彼は酒焼けした赤鼻をひくつかせ、目を大きく見開いて「おい、俺と同じ意見の記者がいたのか」と、はしゃいでみせました。

平賀敬は、世のはやりものを鼻で笑って自分の道を行った、筋金入りの男です。彼の言葉に励まされ、担当していた日曜版「日本の四季」で納涼図を紹介しました。十一年、五百六十五回続いた連載で、読者の反響が最も大きかったのがこの回でした。

時折、人は来ますが、皆ゆったりと思い思いの角度で絵を眺め、静かに立ち去ります。画中の親子のように、こちらもいつか初秋の風に吹かれています。心ゆくまで。第七室で。

久隅守景は、生地も生没年も不明の人物です。江戸の御用絵師狩野探幽の高弟で、探幽の姪を妻にしています。嘱望されていた。が、何かの理由で狩野派を離れ、のち金沢、京都に住んだといいます。師の絵を非難して破門されたという説もあって、何だか心が躍ります。

実際には、いずれも絵師になった娘と息子の不行跡が原因だったらしい。謎だらけの守景ですが、少しずつ研究も進んで、これまでの「逸脱者」像は微妙に変わってきています。働く農民の姿を風景に配した『四季耕作図』を数多く描いて彼の独創ともみられていましたが、それも狩野派に伝わった部分があったようです。

とはいえ、納涼図の魅力に変わりはありません。こうしてゆっくり眺めていれば、新たに気づくこともあります。彼らの住まい——夕顔棚に軒を貸している粗末な小屋の意味です。

仮にこれが豪壮な建物であったら、情趣とは無縁の凡庸な風俗画にすぎなかったでしょう。バラックの空間——何もない空間だからこそ、逆に何ひとつ足らぬものはないという「自足」の感覚が、豊かにあふれ出る。人間にとって大切なものは何かという問いが、画面の内からあらわれ出るのです。

東西を通じ、今もてはやされる美術の多くは、権力者の虚栄心や金持ちの道楽から生まれた特権的なものです。豪壮、華麗、絢爛、といった形容が何の疑問もなく使われます。その意味で、豪奢の対極をゆくこの納涼図の「豊かさ」の表現は、おそらく世界に冠たるものなのです。

（8・25）

大人の自画像はあるか

詩人谷川俊太郎さんのエッセイを読んでいて、思わず椅子に座り直しました。この一節。

「ほんとは誰でも自分とつきあうのは大変なんじゃないか。ただ大変なのを自分じゃなく、他人のせいにしてるだけじゃないか。大変な自分と出会うまでは、ほんとに自分と出会ったことにならないんじゃないか」

そう考えたきっかけは勝新太郎さんの言葉にあったといいます。

「おれっていう人間とつきあうのは、おれだって大変だよ。でも、おれがつきあいやすい人間になっちゃったら、まずおれがつまらない」

谷川さんは感心してしまいます。自分と付き合うのが大変だなんて、考えたことがなかった。自分とも他人とも世間ともあまり衝突せずに生きてこられたと思っていた。それは自分自身をごまかしていたにすぎないのではないか——と。

「自分とつきあう」とは、結構しんどい言葉です。若いうちはそんなことを考えず、忙しくして意識を外へ向けていれば時間は過ぎる。しかし年をとれば、いやでも自分と付き合わざるを得ない時間に突入します。

作家の中野孝次さんが「老年とは自分と全面的に向きあう時節だ」と言っていたのを思い出します。当方の知る範囲でも、どうもそういうことがみな苦手です。年をとっても忙しくしていたい、無為の時間を過ごしたくない、という人が少なくありません。

意地の悪い言い換えをすれば、あまり自分を直視したくない、できれば他事で時間を埋めていたい、空っぽの自分に向きあうのがこわい。そういう無意識のあらわれかもしれません。

別の章で谷川さんは、宝物にしているレンブラントの銅版画自画像について語っています。変哲もない中年のおじさん像です。「そのへんにころがっているじゃがいもを見るのと同じ目で自分を見ていて、なんの思い入れもないのだが、その表情は実に生き生きしている」と。自分を客体化し、他人を見るような目で描いている。その視線の質に、言葉で書く人として谷川さんは「かなわないなあ」と思うのです。

もっとも、レンブラントも若いころは「若さ丸出しの気恥ずかしいような」自画像を描いています。肝心なのは、彼が生涯にわたって自画像を描き続け、年とともに変わる自分を直視し続けたことです。人としての成熟のあとが、実に多彩な表現でとどめられている。さえないおっさん風のレンブラントもいます。偽装のない、率直に自らの事態に向き合う表現の深さこそ、百点をこえる彼の自画像の魅力です。

ルネサンス以降、五百年にわたって描かれてきた西欧の自画像は、近代に至って、自我の解体という動きもはらむ突出した表現の場と化します。ようやくそのころ、西欧渡来の油彩の威力を知った日本の若い画家たちは、自我の表現としての自画像を描き始めるのです。

十九世紀末近くに発足した東京美術学校が、油彩の卒業制作に自画像を課し、今の東京芸術大学に至るまで続いていることはよく知られます。つまり本邦における自画像はどうしても「青春の表現」の気配が濃厚だった。例外はむろんありますが、近代絵画を彩るのは青木繁、村山槐多《かいた》、佐伯祐三ら夭折画家の像です。岸田劉生の多くの自画像も、二十代に集中しています。

若い自画像は、昂然として、凜々しく、自己陶酔の熱にみちて、それはそれで清新なものです。一方、年輪を重ねたもの、むしろ年齢を超越したものが発する生命の信号も、魅力的な造形の主題たり得ます。そういう大人の自画像がない文化、だったのかもしれません。

ここに、興味深い自画像展の試みがあります。東京銀座のギャラリー58で近々開かれる、九人の現代美術家による「自画像★２０１２」展。平均年齢七十六歳、六十代から八十代までの圧倒的なキャリアを誇る現役作家の新作自画像です。

画廊主の長崎裕起子さんは、属さず、媚びず、一人の名において自らの表現を貫いてきた彼らが、それゆえ「実にいい顔」をしていることに気づいていました。「生き方で作られた顔のすばらしさです。皆さん肝がすわっていますから」。赤瀬川原平、秋山祐徳太子《ゆうとくたいし》、池田龍雄、石内都、篠原有司男《うしお》、田中信太郎、中西夏之、中村宏、吉野辰海《たつみ》――の面々です。

展覧会前の作品を、こっそり見せてもらいました。彼らがどう自分に向きあったかが、とにかく面白い。手法は多彩です。あっと驚くものもあります。見てのお楽しみ。「大変な自分と出会った」人の作品、大人の自画像がそろったことは確かです。

（9・22）

形あるものは滅びます

皇居前から延びる行幸通りを真っすぐ歩いて、東京駅へ近づいて行きました。幅数十メートルはあろうかという、車の通らない道を、ひとり行く。東京という過密都市のど真ん中にある、不思議な空き間です。前方正面に、復元成った丸の内駅舎の中央口がぴたりと収まります。歩いているのは、皇居と東京駅を結ぶ中心軸の上というわけです。

煉瓦の美しい駅舎の前に出ました。目に優しい風景です。しかし駅前は車の進入路でふさがれて、人は近づけません。南口をぐるりと迂回して中央口にたどり着くと、玄関は閉ざされ、車寄せの両端に「立入禁止」の札が下がっています。新生東京駅を見物に来た多くの人々がカメラや携帯を構え、「駅の中心」を撮っています。そこは創建時から、皇室や外国の賓客専用の特別な出入り口だったのです。

戦災で破壊された丸の内駅舎は、速やかな復旧工事がなされ、原形とは異なる形で六十年以上使われてきました。それも歴史であるなら、元の形にこだわる必要はないと当方などは考えます。

建て替え高層化の案も、以前はありました。結局、大正三年創建時の形に戻すことになったのは、「保存」という思想が浸透したことに加え、民営化した鉄道の商業戦略もあったでしょう。いわば現代の社会環境のなかで、元の形が選びとられた。同時に、民の近づけぬ特権的な部分もそのまま保存されたわけです。

「復元」「保存」は、単に形を元のまま保つという以上に、「新たな命を吹きこむ」ことでもあるはずです。中心にタブーのある風景が現代とどう折り合っていくのか、考えてしまいました。

失われた元の形を追い求めるのは、人間にとって本能にも似た一種の埋め合わせ行為です。保存や復元は、そのための現実的な対応策です。

駅の構内は復活したドームの装飾を見上げる歓声が響き、無数の飲食店に人が群がります。現世のにぎわいは素通りして家に帰り、机の上にあった『法隆寺金堂壁画』という本をめくりながら、ある言葉を思い出していました。前にもこのコラムで紹介した発言です。

昭和の戦前、法隆寺金堂壁画の模写に携わっていた当時一線の画家荒井寛方は、取材に訪れた美術記者井上靖に向かって、「形あるものはやがて滅びますよ」という言葉を発します。「滅ぼさぬための」目の前の仕事に打ちこみつつ、寛方は、その向こうにある人間のもっと根源的な事態を、見ていたのだと思います。そういう目を——複眼を、もっていた。

寛方の死の四年後、法隆寺金堂は炎上し壁画は焼失します。彼は予言したのではない。遅かれ早かれ、造られたものは絶対的運命として滅びる。人間の滅亡より早いか遅いかの違いだけです。それが見えていた。

すべてはいずれ滅びる。すべて限りがある。それが見えて、逆転が敢行されるのです。だからこそ限りなく人の生はいとおしい。愛惜にみちている。よりよく生きたいと誰もが願う。寛方の言葉は井上靖の胸中深く沈み、低く鳴り続けたに違いない。その後の作家活動の動機として生き続けたに違いありません。

日ごろ取材に歩いている美術もまた、目で楽しみつつ、自分の根の部分に触れてくるものがあるかどうかが、興味の分かれ目です。複眼が作品に内在化されているか、否か。

三十年の間、「砂」を描き続ける松尾多英《たえ》さんの作品は、砂の表情に目を奪われつつ、思いがけぬ根源の感覚へと導かれる世界です。かつて日曜版や夕刊の絵画シリーズで取り上げ反響を呼びました。百号の画面を、延々、連ねます。視界に砂があふれるままに画面を継ぎながら、砂丘を、砂漠を、瞬時に変わる風紋の線に託して描いてきました。日本画素材の作品は、長さ数十メートルに達します。展示の場すら簡単には見つかりません。そんなこともおかまいなし。

十八歳でパリの国立美術学校に留学し、帰国してしばらく続いた混迷の時期、浜岡砂丘を歩きます。砂をすくい、光りつつ走る砂の粒を追い、風紋の変化に興じるうちに、世界が開け、透明になっていくのを震える思いで体験したのです。

砂には形がない。風のまま、折々の集合態をなすだけです。それは絶えず変容し、とどまることがない。そこから砂丘や砂漠の大景観は生まれます。形としては初めから滅びているものが、巨大な造形の可能性を秘めている。打ち続く砂を見ていると、この不確かなもののほうが確かだという気がしてきます。人跡の絶えた砂の景に「永遠」を感じるのです。

年末には都内神保町に見つかった展示スペース「コルソ」で個展が開かれます。新作の百号十七枚の大空間を、久しぶりにさまよってみようと思います。（10・27）

呼ばれたい　呼ばせたい

しばらく前のことです。深夜の読書を終え、ふとテレビをつけると、大相撲の舛《ます》ノ山が主人公の番組でした。

家族を支えるために、持病と闘いつつ相撲に打ちこむひたむきな青年の物語は感銘深いものでしたが、「アスリートの魂」という番組名には驚きました。

さまざまな運動選手を登場させるための、便宜としての括りには違いない。しかし舛ノ山は大相撲の力士であり、相撲取りであり、お相撲さんであって、アスリートなどというものではありません。栃錦以来の相撲ファンとしては、これは勘弁してもらいたい。数日後に届いた雑誌「かまくら春秋」の十一月号で、朝日新聞におられた川村二郎さんが「テレビがどうして『アスリート』と言うようになったか理由が知りたい」と書いていて、思わず膝を打ちました。

アスリートと呼ぶ方が上等で洒落ていると思っているのかもしれない、と川村さんは書いています。同感です。トップアスリート、などと呼べばいかにもさっそうとして上等にみえる。選手たち自らが、そう呼ばれたいのかもしれない。

川村さんは「アーティスト」という言葉の氾濫にも疑義を呈し、かつて取材した三宅一生《いっせい》さんが初対面の折に「僕は川村さん、デザイナーではありません。洋服屋ですよ」と語ったという話を披露しています。

自らを称するに、そういう言葉の使い方ができる現代人が少なくなりました。ことさらな謙遜でも、やつしでもない、自らのありのままを過剰な思い入れなしに語る冷静な物言いです。静かな矜持を感じさせます。


かつて画壇の大家と呼ばれた奥田元宋《げんそう》という日本画家がいました。実績と風格を兼ね備えた大家らしい大家でした。その人に取材した折、居合わせた美術関係者が彼の文化勲章受章を褒めました。元宋さんは激しい口調で応じました。

「勲章なんて、あなた、墓場に持っていくわけにいかんでしょう。絵かきは丸裸なんですよ。私は一介の絵かきですよ。絵を残すしかないんだ。残せるものをまだ描いてませんよ、私は」

彼は礼節を重んじる人でした。栄誉も否定しなかった。ただ、そういう外側のことと自分の中身は別だという当然のことを、わきまえていただけです。世間のお追従やおだてには乗らなかった。「巨匠？　そんなもんじゃないですよ私は」という言葉を聞いたこともあります。

九十歳で亡くなってまもなく十年になります。伝統世界に属する人でしたが、こういう品性がひたすら懐かしい。

今は、中堅程度の画家が自らを巨匠と呼ばせて恥じない時代です。テレビでもラジオでも、自分のことを得意げにしゃべる人が多くなりました。自分で自分を持ち上げる。少しでも大きく見せようとする。関心があるのは自分がどう呼ばれるか、どう見られるかであり、内実が伴わなくても格好がつけばいい。そういう「上げ底」感覚が、普通のことになりつつあるようです。

「アーティスト」という呼称の氾濫をめぐって、興味深い論考を展開したのが大野左紀子さんの『アーティスト症候群』(明治書院、のち河出文庫)という本でした。むろんアーティストの名にふさわしい人は数多くいますが、ここでは、いわば流行語としての使われ方がじっくり観察されます。

欧米発の美術記事に散見していた「アーティスト」は、一九八〇年ごろから日本でも使われ始めます。芸術家、美術家などの呼び方に比べて軽快で、かっこいい。こちらも同様に名乗れば、あちらの最前線との時差も一気に縮まる気分——。定義は曖昧だから、誰でも気楽に名乗れる。美術家も音楽家も、美容師もお花の先生も。おしゃれでスマートで価値が高そうな「何か」。それを身にまとって、人に差をつけたい——。

だから重要なのは、「あの人はアーティストだ」と呼ばれること。アーティストとして世に紹介されること。つまりアーティストになりたい欲とは、作りたい欲ではなく、アーティストと呼ばれたい「被承認欲」だと同書は喝破します。

大野さん自身は八〇年代前半に東京芸大彫刻科を卒業し、現代美術家として二十年間活動したあと「廃業」した、元アーティストです。同時代を呼吸しながらさまざまな分野の自称他称アーティストを観察しつくした評論は、自己愛が肥大化した現代日本の心理を、見事にあぶり出しています。

この秋には、続編となる『アート・ヒステリー　なんでもかんでもアートな国・ニッポン』（河出書房新社）を出しました。近代以降の歴史をふまえた上で、アートをめぐるさまざまな幻想を打ち砕いて、思いがけぬ地平へと連れ出してくれます。

より根源的な、名調子の講義です。出た地平の風景は……読んでのお楽しみということに。

（11・24）

人の去り際について

ある有名選手の引退会見をテレビで見ていて、少なからぬ驚きとともに、「ああ、そういう時代になったのだ」という強い感慨を催しました。その選手は引退に至る経緯を述べたあと、「まだ未練たらたらです」と言いました。自分のあるべきイメージに体がついていかなくなった。やめたくないけどやめるしかない――という心です。

正直で率直な、むしろさわやかな会見です。多くのファンは「まだやれるのに、もったいない」と、思ったかもしれない。未練たらたらの言葉も肯定的に捉えたはずです。

ある時までこの国には、去り際、引き際はきれいに、潔く、桜の散るごとく、という美学のようなものがありました。いつの頃までかは知りません。いまそういう流儀は廃れ、なりふり構わず現役にこだわってみせるほうが、むしろ価値は上らしい。未練がましいのはみっともない、という感覚は、なくなったようです。

引退を宣言したのにあっさり撤回したり、一線から退いたのにいつの間にか舞い戻っている人がどの世界にもいます。再登板、などと世間は呼んでくれる。変わらないこの国で、人間の出処進退や身の処し方にかかわる美だけは一変しました。多くの場合、目前の実利や経済価値の要請あってのことでしょう。美よりも現実。多くの人が納得するわけです。

話は変わります。この秋に七十二歳で逝ったある画家の最後の日々を、記しておこうと思います。時代は変わったとはいえ、人の見事な去り際は、やはり深い思いを誘うものがあるからです。

彼は昨年五月、アトリエのある北陸の町で検査を受け、大病院の診断で進行性の食道がん、ステージ4と判定されます。すでに全身に転移して手術は不可能。放射線と抗がん剤による治療に入ります。一年半先に大きな展覧会が予定されていました。本人の希望で会期は十か月早められ、今年の三月から六月までの三か月間と決まりました。

構想が練られます。最初期の油彩群に、現在進行中の大作群を対置させる。国際的な美術家として活動した時期の作品をあえて除き、いわば自分の始まりと終わりを示す。「最後の展覧会」とはっきり見定めての、別れの挨拶です。

地元の病院に二か月入院し、その後は通院治療を受けながら副作用のリズムをつかんで制作を続けます。巨大なキャンバスに向かい、疲れたら横になり、制作し、横になりの繰り返し。半年の間に未発表の大作六点が仕上がります。一作だけが未完となりました。

今年三月十一日、展覧会は予定通り始まります。「オープニングに生きていられるかどうか」

という彼の危惧は、「死をかかえこんだまま、クリヤー」されたのです。展覧会のことは、五月二十六日付のこの欄で紹介しました。静岡県三島市の大岡信ことば館で開かれた「宇佐美圭司制動・大洪水展」です。

そこで書いたように、彼の絵画は世界の構造、その運行を思わせる壮大なものでした。もしかしたら自分自身をその世界の一部と認識して、個の消滅より大きな輪廻に入ることへの直観があったのではないか。そう思いたくなるほど、妻の画家爽子《さわこ》さんと二人暮らしの日は坦々と、穏やかに過ぎました。体調が良ければ踊り、笑い、制作への考えを語ります。「病気だからといって、特別なことは何もなかったんですよ」。爽子さんは言います。

夏の終わりに病状は悪化します。九月八日が制作の最後になりました。すべての治療をやめ、一切の延命措置を断り、爽子さんは家で看取るためのマニュアルを医師からもらってきます。十月七日の会話。「いつ死のうか」「満月の日かな」「それはいつ?」「十月三十日」「そこまでは無理かなあ」。彼はカレンダーの十月十八日までを線で囲います。十四日、「これが永訣の姿勢」と言って、ベッドの上で両手を広げてみせます。

十八日、三人の美術関係者がアトリエを訪れ、爽子さんから、「圭司はきょう死ぬことにしているの」と言われて驚きます。病室で宇佐美さんは一人一人の顔をじっと見つめ、最後の言葉を交わします。

翌十月十九日昼、妻と、駆けつけた娘夫婦の腕に抱かれ、微笑を浮かべて彼は逝きました。「明るい日ざしの中を空に吸い込まれるように旅立った」。先週、東京で開かれた追悼の会で爽子さんは語りました。「見事でした。本当に明るかった」。会の四日後、日本海の怒濤を見下ろす福井県越前町のアトリエで、彼女は語りました。

宇佐美圭司という画家は、いわば日常生活そのものとして死を生きた。諧謔とともに。こだわりもなく。その事実に、何か不思議な安らぎを覚えます。

(12・22)

二〇一三年

〈実の碧い頃〉

無私の心は生きている

ともあれ年の初めに清冽な人間の物語を読みたいと思いました。『一言放談』など机上に積んだ数冊をしばし眺め、結局、手にしたのは新刊の『無私の日本人』（磯田道史著、文藝春秋）でした。「無私」の二字にひかれて本屋で立ち読みし、これはきちんと付き合うべき本だと思って年末に買い求めたものです。

いずれも名利とは無縁に生きた江戸時代の三人の人物に焦点を当て、その「無私」ぶりを語る驚異の史実を掘り起こした、三つの物語です。

貧しさにあえぐ東北の寒村の住人が、基金を作って藩に貸し付け、その利子で村を救おうという途方もない構想を抱き、仲間を募って命がけで目的を達した「穀田《こくだ》屋十三郎」の章。

空前絶後の詩才学才をうたわれながら、師の荻生《おぎゅう》徂徠《そらい》との軋轢から己の全作品を焼き捨て、長屋の病人を救うために全蔵書を質に入れ、無一物で下野佐野に下って村の儒者として生きた思想家「中根東里《とうり》」の章。

技芸百般に秀で、歌人、陶芸家として名を馳せるも、自作の贋物が出回ると贋作者のために喜び、飢饉の時は有り金を差し出し、自分用に作った棺桶も人にやってしまい、与え続けて無欲の生を貫いた美貌の尼僧「大田垣蓮月《れんげつ》」の章。

磯田さんは彼らを「過激な清浄」を生きた人々と呼びます。共通するのは、他人のことを我がこととして生きたという点です。それが「無私」です。

極貧の中で、王陽明を読んで天地万物の一体に気づいた中根東里は言います。「自分をひたすら無にしてごらんなさい。我は彼になり、彼もまた我になる……自分の物でないものはなくなります」。すなわち人の楽しみは己の楽しみ。人の痛みは己の痛み。もともと、この世に他人事というものはないのだ——と。

蓮月は自らに問います。人との付き合いに苦しむのは、自分などという取るに足らぬものにこだわるからではないか。必要なのは自他平等の修行、心に自分と他人の差別をなくす修行を生涯続けることではないか。晩年に向けて彼女の与える行為は加速していきます。

磯田さんは、いま東アジアを席巻する「自他を峻別し、他人と競争する」社会経済のあり方に根源的な疑問を呈し、この国にはもっと違った深い哲学がある、普通の江戸人にその哲学が宿っていた、と書きます。清濁あわせ呑むのが大人物なのではない、世間的に偉くならずとも、濁ったものを少しでも清らかな方へ変える力をもつ者こそ大きな人間なのだ——と。

正確な史実をもって語る歴史家の、この堂々たる正面からのもの言いに、現代の救いがあると思わずにはいられません。

一年前のこの欄で、Oさんという出版人の生と死について書きました。詩の世界で広く知られた人で、半世紀近くの間、フリーの立場で詩集や全集ものの編集、書誌年譜の作成、校正を手がけた、詩壇の生き字引のような存在でした。

生粋の東京下町人だったせいもあるでしょう。決して表には出ず、自らを語らず、ひたすら「他人の仕事の成就」のために奔走します。さりげなく理由をつけては人にうまいものを食わせ、自らも楽しむ。それが彼の流儀でした。

しばらく闘病の後、昨年の元日に彼は逝きました。偲ぶ会が開かれ、多くの詩人や編集者が、いかに自分は与えられたか、贈られたかを披露しあって、大変なにぎわいになりました。

若い詩人をひそかに援助し、詩集出版に自腹を切っていたらしいことも分かりました。七十歳という年齢も、幼時からの秀才で高学歴だったことも、皆初めて知りました。彼にはどうでもいいことだったのです。

一周忌の今年元日、五十人の追悼文を収めた『悼　大西和男さん』が刊行されました。彼を知る編集のプロたちが作った、二百ページを超える美しい単行本です。

「病人があればかけつけ、寒さの夏は農家を一緒に心配し、自分のためではなく他人の事をの

み案じ……」（染織研究家）

「編集者・校閲者として黒衣に徹し、自己正当化せず、誰のことも悪く言わず、自分のことはおどけて話し、いつも静かに笑っていて……」（詩人）

宮沢賢治に捧げるような文章が並びます。他の追悼にも「損得を考えず」「見返りを求めず」「売り込まず」「誰の力も利用せず」といった言葉が頻出します。現代人に当たり前の行動を全部裏返したような、驚くべき人間像が浮かびあがります。

磯田さんの著書で、蓮月は、なぜそのように優しいのかと問われ「別に優しくしているつもりはない……自分と他人のちがいなどありはせぬ……心安く暮らすには、物にこだわらぬのが一番」と語っています。

現代の彼もまた、坦々としてこだわらず、心安く暮らして、周囲とともに幸福だった。この寛容の国の歴史的心性に連なるものが、たしかに彼のなかにあったのです。

（1・26）

復活のシンボルは、いま

そういえば、あの海の男たちはどうなりましたか——という質問を、いくつか、読者からいただいていました。

大震災の三か月後、津波被害の最も大きかった石巻《いしのまき》を訪れ、石巻出身の彫刻家高橋英吉の残した「海の三部作」と、作品をめぐる人々の安否を尋ねて歩きました。

昭和彫刻の記念碑というべき作品です。東京美術学校で木彫を学んだ高橋英吉は、早くから非凡な才能を示しましたが、戦争に駆り出され、ガダルカナルで三十一歳の命を落とします。その最後の数年間に作家としてのすべてを注ぎこんだのが、海を主題とする大作三点でした。

短い生涯とその才を惜しんだ石巻の人々によって、散逸していた高橋の作品は地元に集められ、二十五年前に開館した石巻文化センターで公開されてきました。石巻市でも最も海寄りの、南浜町一丁目です。

津波の直撃を受けたその一帯を歩いたのは、一一年六月でした。壊滅した街の跡に、センターはぽつんと残っていました。一階の天井まで浸水し多くの収蔵品が被災した中で、二階に展示されていた三部作は奇跡的に無傷でした。作品を守ってきた女性学芸員は津波にのまれ、高橋家の墓を守ってきたお寺の住職は瓦礫の下敷きになって亡くなっていました。

――そこまで、六月の本欄に書きました。その後の話をしなければなりません。海の男たちは、いま仙台に来ています。

南浜町の文化センター二階に閉じこめられた彼らは、翌七月末、文化庁の呼びかけで組織された救援隊に助け出され、山形の東北芸術工科大でカビを除かれた後、仙台の宮城県美術館に預けられました。よみがえったその姿が、四月半ばまで美術館の小企画展で披露されているのです。

高橋の短い生涯をたどる多彩な作品が並ぶ会場の、奥半分に『黒潮閑日』『潮音』『漁夫像』の三部作がゆったりと、三尊像のように置かれています。船上で、浜で、風に吹かれる男たちの、筋骨隆々たる裸体にあらわれた内部生命の表現です。内に充溢し、みなぎり燃焼するものは、静けさを湛えていることが分かります。

この三部作の前、高橋は捕鯨船で南氷洋への航海をしています。彼自身、石巻の水産加工財閥の息子だった。おそらく自分の道を見定めようとして、海に生きる者の生の感覚を身にたたきこんで帰ったのです。

どこか中国、エジプトの古代彫刻を思わせる、あるいは仏像にも比すべき三作を、好位置にある椅子にすわって眺めていると、そこに一つの聖なる空間が見えてきます。

世情騒然たる日々、自らの出征を前に、この静けさ、この輝きを彫り出した高橋の集中力は見事というほかありません。海の男たちは作者が戦場に散った後も生きて石巻に帰り、津波に足下を洗われた後も生き延びて、いま、ここにいます。

つい先日、石巻市民六十人が宮城県美術館の仕立てたバス二台に分乗して会場を訪れました。館内では宮城出身の彫刻家佐藤忠良《ちゅうりょう》の回顧展が同時に開かれています。高橋とは美校で一年違い、親交もあった巨匠です。三十一歳で生を断たれた男と九十八歳の生涯を全うした男と。その近さと隔たりに、一人一人が思いを深くしたはずです。

仙台の高橋展のことを教えてくれたのは、出版編集者のYさんでした。一一年六月の石巻取材から戻った翌七月、この連載コラム十六編を収めた冊子が新聞社の宣伝物として制作されました。それを目にとめ、一冊の本にしてくれたのが、そのとき初対面のYさんでした。

高校生のころから、品格あるこの出版社の本は憧れでした。美術の学生、美術の記者としても恩恵にあずかってきました。

一一年九月までの全六十六編を収めること、読者に好評の丹阿弥丹波子さんの銅版画を入れることなどを決め、作業は進みました。十一月ごろでした。打ち合わせ中に、石巻を書いた回の話になりました。Yさんは言いました。「実は僕も石巻なんです」

「そうでしたか。石巻の……」「南浜町です」「えっ、どなたかが……」「ええ、母と、おば夫婦が」「えっ、それじゃ……」「ええ、見つからないままで」

あまりの事実に言葉を失い、当方、嗚咽をもって応じるほかありませんでした。

半年後の昨年五月、単行本の『時の余白に』（みすず書房）は刊行されました。Yさんは石巻に帰って身内の行方を追い求め、仕事に戻って社内の出版進行をつかさどりつつ一冊の本を丁寧に、丁寧に、作り上げてくれました。当方には、ただ膝を屈して祈る思いの日々でした。

一冊の雑文集にも、見えないところに時代が刻印されている、ということだと思います。

（2・23）

皆さんは私の目標でした

桜の季節になると、そのうす桃色の霧を、ある緊張とともにくぐった感覚が遠くよみがえります。学校という異空間へ、初めて歩み入った日の記憶です。

その先にあったのは、先生という見知らぬ大人の列と、同級生という見知らぬ子供のうごめきでした。何か、分厚く固い、壁のようなものを感じた記憶もあります。

五十八年前の春、そうして一年生になりました。銀行勤めの父親の転勤に従い、東京から各地を転々としてきた一家はそのとき福島にあり、母親に連れられて入学したのはその名も「桜の聖母」というカトリック修道院の学校でした。

一学年一クラスで同級生は三十人、女子が男子の倍です。規律は厳格でしたが、子供の世界はそれなりに伸びやかで、いつか壁も消えていました。

いま記憶から掘り出そうとしているのは、そのころ父親の書棚から持ち出してよく眺めていた『一年生』という写真集のことです。どこか山村の小学校に入った子供たちの日常を追った写真がぎっしり詰まって、自分の知らない、熱気にみちた混沌が広がっていました。

弁当のコッペパンにかじりつく真剣な顔があり、片手を指折り片手を頭において数を数える神妙な顔がありました。取っ組みあいのけんかをする必死の形相があり、ひとり廊下にうずくまって教室を拒む、すねた肩がありました。


近い世代らしいという親近感もさることながら、粗削りの生命の相というべき強い映像性そのものの力で、彼らの生きる姿は記憶に焼きつきました。

むろん漢字が読めるようになって分かったのですが、それは昭和二十年代から三十年代にかけて刊行された岩波写真文庫の一冊で、熊谷元一《くまがいもといち》という小学校教師の撮った記録でした。モデルは昭和二十八年四月に南信州の会地《おうち》村（現・阿智《あち》村）会地小学校に入学した東西二組の六十余人。熊谷は東組の担任でした。

昭和三十年三月に出たその小冊は、いつの間にか父親の書棚からこちらの本箱に移って、以来愛読書となりました。

会地村生まれの熊谷は当時四十四歳、村ぐらしの写真記録を戦前に東京の新聞社から出している写真家でもありました。新入生を預かった機会に、子らの日々を一年間追ってみようと企てたのでしょう。「写真を撮る人」の情熱です。しかし撮られた写真が語るのは、教師としての彼の悠然たる構えです。

授業中にカバヤの宣伝カーが来ると、子供らは一斉に窓際へ走ります。熊谷は彼らの興味につきあいます。校長の講話に退屈していく子らの様子を、分刻みで撮ります。吐いた子がいました。驚いて飛びのいた子も、誰かが雑巾をもってくると手伝い始めます。そこを撮る。けんかで負けた子がいます。誰かが寄ってきて慰めます。そこを撮る。休み時間に黒板を開放し、自由に描かせます。子供は精いっぱいの絵を描きます。そこを撮る。絵は消されるけれど、写真は残ります。

熊谷は、子供が自発的に興味をもってやることを決して抑えつけなかった。むしろ褒める。彼の写真は、一人一人に注がれた彼のまなざしです。捉えたのは、子供の「全体性」とでも呼ぶほかない、ある分断し難い人間存在の温かさです。

それから六十年たちました。昨年暮れのことです。授業を受け持つ大学の講師控室で、いつも顔を合わせている講師から一枚の紙を手渡されました。

それは、あの会地小の一年生が五十歳になったとき、米寿を迎えた熊谷先生が一人一人を訪ね歩いて再びカメラに収めたという十六年前のNHKドキュメンタリー番組が、年末に再放送されるというお知らせでした。

彼は——あの一年生の一人でした。カバンから出した『一年生』を開き「私です」と言って指さした写真は、片手を指折り片手を頭において数を数える、神妙な——あの顔でした。まぼろしでも見るような目で彼を見ていたと思います。こういうことが、あるのです。生きていると。

その人、下原《しもはら》敏彦さん（日本大学芸術学部講師、ドストエーフスキイの全作品を読む会主宰）の話で、一年生たちが「熊谷元一と二十八会」をつくって、五十歳と還暦の節目に写真集を出してきたことを知りました。

熊谷は五十七歳で教職を辞して上京し、写真と童画の仕事に専念します。東京の自宅は、折々に教え子が訪れる第二の学校になります。二年前に百一歳で亡くなるまでそれは続きました。

百歳のとき、教え子のインタビューに答えて彼は「皆さんは常に私の目標対象でした。感謝しています」と語っています。先生は担任したすべての子を覚え、すべての子の現在を知っていた、と下原さんは言います。

教育の原点というものがあるとしたら、それは「人間への関心」です。人間の生身の温かさへの関心と想像力です。人肌のぬくもりをもつ熊谷の写真が、我々の忘れてきたものの大きさを語っています。

（3・23）

悠々、「余白を生きる」

「時の余白に」などという、ぼんやりした題の雑文を書き続けて八年目に入りました。前にもどこかに書きましたが題自体にさしたる意味はありません。外れた場所、中心でないところに身を置いている感じが出れば、何でもよかった。まあ、性分の問題です。

ゆるい題のおかげで、どんな話でも放りこめる利点はありました。そもそもタイトル負けがない。甚だ安気な七年でした。ただ、世の中にはもっと能動的な余白もあります。日本絵画において論じられる空間としての余白は、その好例です。

書物の題としてもしばしば使われています。机の周辺に積んだ美術本の山からも、瀧口修造『余白に書く』、李禹煥《リウファン》『余白の芸術』（ともにみすず書房）が見つかりました。いずれも、豊かな意味をはらむ余白が内部に凝縮された書物です。

久しぶりにそれらを手にしてページをめくるうちに、ある箇所で手が止まって、思わず目をむきました。分厚い瀧口著のなかに、「時の余白に」の文字を見いだしたのです。詩人、批評家として、昭和の戦前戦後を通じ多くの表現者に影響を与えた瀧口修造が、桂ゆきという特異な存在感をもつ画家について書いた短い文の題、それが「時の余白に」でした。驚いたのなんの。長い年月、気がつきませんでした。

当方のタイトルは単なる思いつきですが、瀧口の表題は、一人の画家の世界を語る有効な切り口です。折しも桂ゆき生誕百年を記念する大回顧展が開かれています。

新宿余丁町にあったこの人のアトリエで長いインタビューをしてから二十八年、亡くなってからでも二十二年が過ぎました。何はともあれ東京都現代美術館の、年寄りには少々きつい巨大な建物に足を運びました。

展覧会を見て「圧倒される」などと言っても、何も言ったことにはなりませんが、会場をめぐっていると、ため息とともにこの言葉が出てしまいます。画面がデカいとか色彩が強烈という話ではない。自分が描くことに極めて意識的で、一作一作、身をもって考え、考えつめ、結果を次につないでいく気迫のようなものが、作品からほとばしるということです。

桂ゆきは大正末、女学校時代に日本画を学び、のち油彩に転じますが、早くからコルクや布や紙を画面に貼りつける作品を作っています。それはコラージュというものだと西欧帰りの画家に教えられ、初めて、二十世紀流行の手法と知ります。

二十八年前、彼女は語りました。

「女は花や人形を描いていればいいと言われましたよ、油絵の先生に。そんなもの描きたくもない。泰西名画の美にも反発しました。そういうイライラした感じを、もっと新しい素材で自分だけのものとして出そう、と思ったのね」

自らの要請で自らの内から始まったもの。それが桂ゆきにとってのコラージュだった。平穏な写実には遠い、ごつごつした抵抗感のある「モノ」や、ざっくりした具象抽象の形態で構成される画面には、「男まさり」の評がつきまといます。

「男まさりだのエネルギッシュだの言われたって、象に比べりゃ大したことはない。そんなもの批評の言葉じゃないのに。嫌な時代でしたねえ」

実際、この人の歩みは、男の価値観が支配する社会の偏見、抑圧との闘いでもありました。いち早く西欧の動向を取りこみ、流れに乗じて時代の先端を気取ってみせるのが男らの流儀です。上京組も多く、西欧志向は中央志向、上昇志向と表裏のものだった。彼らの唱える前進だの向上だのは、彼女には「無価値のもの」だったのです。

東京の本郷、父親は欧米留学を経験した帝大の冶金《やきん》学教授というインテリ家庭に育ちます。

「長州藩士の家系で、西欧のまねを恥じるような批評的精神はありましたね。（父は）存在としては大きかったと思う」

油彩とコラージュによる戦後の代表作『欲張り婆さん』『ゴンベとカラス』の前で、しばし考えこみました。欲望のままに生きる人間、黙々と仕事に生きる人間の、かなしさが底に含まれる作品です。諧謔の視線が品よくユーモアにくるまれて、絵としても一目瞭然の面白さがある。

男たちにこういうものは描けません。虚勢を張ってあくせく生きる自らのかなしさを、直視しなければならないからです。人々が社会の本体と思っている部分が、実は建前やはかりごとで成立する「虚」の世界であり、その余の部分と思っている世界が、実は本音と率直さで生きられる「実」の世界だということに、男たちは気づこうとしません。

その意味で、桂ゆきの生きたのは余白の世界です。そこで伸びやかに、十全に生きて「こっちこそ本体」と思っていたに違いない。そういえば没後に出た遺文集は、出版社によって、いみじくも『余白を生きる』（清流出版）と名づけられています。

（5・4）

穏やかな明るさの方へ

あるとき、ふと疑問にとらわれます。このざわついた感じは何だろう、と。

たとえば東京駅の丸の内側に降りてみます。昔の丸ビルも、国鉄本社ビルも、中央郵便局も今はすべて大型商業施設です。物を買い、物を食うための店が何十、何百と詰まっている。そこに人間がひしめいている——と考えるだけで、耳にざわめきが満ちてきます。

電車で移動します。隣の有楽町も、その隣の新橋も、人がひしめいている。品川、渋谷、新宿といった拠点駅のみならず、昔の小駅周辺も似たような大型商業施設と人の群がりです。物を買い、物を食い、プラスアルファの新奇な体験ができる集客装置としての街が次々につくられ、そのたびにメディアは騒ぎ立ててきました。

聞こえてくるのは、呼び込みの声です。こちらを向いて、とそれは言っている。来てお金を落として、と言っている。東京だけではない、全国いたるところの市や町や村から、客を呼ぶ声が、ときには悲鳴が、聞こえてきます。

地域おこしという名の、人の争奪戦です。外から多くの人を集め、より多くの金を落とさせたところは「勝ち」でしょう。しかし人に振り向かれないところは「負け」なのか。人が来る、来ないで、日々の暮らしに勝ち負けがつくのか。

日ごろ疑いもなく受け入れている価値観が、少し立ち止まって逆から考えてみると、何とも奇怪なものに見えてきます。

五月、日本中が連休、連休の合唱に沸くなかを、静かに滴る緑の方へ向かいました。元来、人の行かない方へ行きたがる足ですが、老年の入り口に立って身体が「静けさ」と「明るさ」を求めていることを、このところ痛切に感じます。

伊豆半島の大室山南麓に毎年五月の一か月間展開する伊豆高原アートフェスティバルです。ここで暮らす人々を中心に、アマ・プロの隔てなく、自宅の居間や庭先や店舗の一角を使ってそれぞれが自由に個展を開くという、同時多発の展覧会。今年で二十一回を数えます。

毎年百か所前後が参加し、今年も小中高三校を含む百四か所で絵画、陶芸、染織、手芸などの多彩な展示が見られます。自分のコレクションを披露する人もいます。盛況ぶりは二十年の間変わりません。

当方、ほぼ三年に一度の割で訪ね、この欄でも何度か書いてきましたが、実はこのフェスティバルは、「お客が来なくてもいい」催しなのです。

ゴルフ場の建設反対運動に端を発し、自然との調和をはかりつつこの地に住むことの喜びを自分たちで見つけようと始まった試みです。本来、自分たちが楽しめばそれでいい。

地域おこしではない。暮らしの一環です。お客の呼び込みは必要ない。もうけなくていい。勝ちも負けもない。経費はすべて一人三万円の参加費で賄う。全会場、入場無料。

そういうものに、会期中五万人ものお客が全国から訪れます。毎年楽しみにやって来る人も少なくありません。世間的にいえば大成功です。それは、この土地での暮らしの喜び、日常の充実を求めてきた結果にすぎない。

その一線を守るため、観光に利用しようとするあらゆる勢力を排除してきた闘いの歴史もあります。現代社会を骨の髄まで侵している商業主義と効率主義が、この祭典の場からは完全に追放されているのです。

雑木林の緑が柔らかく輝き立つ高原に、静かに人の行き来があります。案内地図を片手に幾つかの会場をめぐり、催しを提唱した画家谷川晃一さんのアトリエを久しぶりに訪ねました。ここも会場の一つで、同じ提唱者だった妻の宮迫千鶴さんとの二人展です。

美術館の関係者などに、成功の秘訣を聞かれることがあるといいます。「女性の積極的な参加が大きかったし、観光にしなかったこともよかったと思う。無欲のショーリです（笑）」

それよりも、と谷川さんは言います。「（絵を）徹底的に明るくしてやろうと思っているんです。

考えてみれば西洋も日本も暗い絵ばかりでした」

二十五年前に東京からこの他に移り住んで以来、作品空間は都市から自然へと動き、そこに躍動する生命の形も、より自然に近いものになってきました。会場に並ぶ近作には、光が浸透して、この地の自然のように底から輝き出しています。

近代の暗さとは、自我が目ざめ、自我が拡張し、主張し、他を傷つけ、自らも傷つく過程に生じたものでしょう。自我の憂鬱です。そこをうまく消すことができれば、その分、明るく軽くなれるのではないか――。

「明るさというのは普遍的なものですから、個人の名も消えます。目ざすのは、穏やかな明るさ、ですよ」。体に染み入るような言葉をもらって高原を下りました。

（5・25）

岩のような人でした

画家熊谷守一《くまがいもりかず》は、仙人と呼ばれ超俗の人とも言われてきましたが、本当はそうではなかったという話を、以前ここで書いたことがあります。

その鬱然たるヒゲの風貌が醸す雰囲気が、そう呼ばせた事情はあるでしょう。あるいは伝えられる彼自身の言葉が、超俗の印象をかき立ててきた部分もあるかもしれない。

とりわけ最晩年の自伝的著作『へたも絵のうち』は、決定的な役割を担ってきた一冊です。頭がジンジンしびれるような、名言の数々です。

たとえば小学校時代の回想。「先生はしょっちゅう偉くなれ、偉くなれといっていました。しかし私はそのころから、人を押しのけて前に出るのが大きらいでした。人と比べて、それよりも前の方に出ようというのがイヤなのです」

中学校時代。「絵はますます好きになっていましたが、他の人のように一生懸命やるということはしません……好きは好きだが……だからどうだというその先はないのです」

二科の研究所で教えた五十代。お前がうまく教えないからいい絵かきが出ない、と人に言われ、咄嗟に「先生に教わるようなことでロクな絵かきが出たためしがあるか」と啖呵を切った話。

そして画家人生を振り返ってつぶやいた、心底からの言葉。

「絵なんてものは、やっているときはけっこうむずかしいが、でき上がったものは大概アホらしい。どんな価値があるのかと思います。しかし人は、その価値を信じようとする。あんなものを信じなければならぬとは、人間はかわいそうなものです」

この本はインタビューに応じた彼の言葉を聞き手が字にしたものです。昭和四十六年、熊谷九十一歳の年に日本経済新聞の「私の履歴書」欄に連載され、単行本となり、平凡社ライブラリーの一冊に収められました。

つまり書かれた名言の数々は熊谷のものであると同時に、言葉を引き出した聞き手のものでもある。担当したのは当時日経文化部の記者だった田村祥蔵さんでした。のち論説副主幹や事業局長、日経映像社長などを歴任した方です。

熊谷がこれほど詳細に自分を語ったことはなかった。彼には誤伝の類いも多いのですが、原稿はそのつど熊谷夫妻の前でゆっくり読み上げて、正確を期したといいます。すなわち熊谷に関する最も信頼できる記録、彼に興味をもつ者は避けて通れぬ文献です。当方も記事を書く上で多くの恩恵を被ってきました。

ただ、田村さん自身は少し違いました。本の内容がさまざまに引用され、復唱される事態を見ながら、「かすかな後ろめたさとも言えるもの」を抱き続けてきたといいます。

この大人物に向き合い言葉を引き出せた幸運は無上のものですが、むしろそれゆえに、胸の奥に長い間ひっかかるものがあった。そして四十年近くをへて、ついに再び、田村さんは熊谷を書き始めたのです。

評伝「仙人と呼ばれた男」は清春白樺美術館（山梨県）の年刊誌「清春」に連載され、こともなく出る今年の号で五回目。今回は自ら取材に歩き、膨大な資料を読み解いて、熊谷九十七年の人と作品をたどり直しています。

田村さんの「後ろめたさ」とは何だったのか。

熊谷の語りは極めて訥々としたものでした。ゆっくり、時間をかけて、言葉は紡ぎ出されてくる。時に「凄み」をあらわにする。それを文章にすると滑らかになってしまう。熊谷の内部の時間が飛んでしまう。

「そんな滑らかなものではないんです。インタビューを原稿にしたものが、微妙にきれいすぎはしなかったか。そういう後ろめたさです」

インタビューをして書く、つまり語りを文字にするとは、すでにして解釈であり、聞き手のフィルターそのものです。しかし文章になった語りは、間然するところのない語り手の全体として立ち現れる。その埋めがたい隔たり——むしろ書くこと本来の詐術に、田村さんは意識的だったということです。

冒頭に引いた熊谷の言葉に、注意深く耳を傾ければ分かります。彼は超俗というより、自分にとって虚にすぎぬものを遠ざけ、終始一貫、実に添うて普通に、健康に生きたのです。

アカデミックな具象を徐々に脱してたどり着いた、輪郭線と色面だけのあの極度に簡略化した熊谷様式も、同様です。自分に無用のもの、煩わしいもの、心の通わぬものをそぎ落として彼は自由になっていった。その果ての「実」にみちた絵画世界を、開催中の豊島区立熊谷守一美術館二十八周年展で改めて確認してきました。

むろん名誉も権威も、流行も、熊谷には虚の側のものだった。

「その無欲のすごさです。超一級の絵の力量にして、あの途方もない無欲。私などには分からない。岩のような人でした。はね返されてしまう。再挑戦していますが、ダメですね」。田村さんの率直な感懐です。

（6・22）

反骨世界はたそがれて

なるほど、言葉の意味は、こうして少しずつずれて変質していくものらしい。

新聞をぼんやり眺めていて、あるマラソンレースに勝った選手の談話が目にとまりました。彼は周到に作戦を練り、レース終盤に一気にアフリカ選手を抜き去った。日本選手でもアフリカ勢に勝てることを証明したかった、と言っています。

記事はそれを「反骨心」と呼んでいました。うむ、反骨とは今はそういう意味で使われるのか。少々、頭が混乱しました。「なにくそ」「負けるものか」と同じなのか、今は――。

当方の知る「反骨」は、単なる反発心や挑戦心のことではない。世の権威や時の流行、つまり人間を巻きこみ連れ去ろうとするものに抗してひとり踏みとどまる批判精神のことであり、人間の生きる姿勢にかかわる言葉でした。

そういう意味での「反骨」はもはや死語になったのかもしれない。つまり価値観として廃れたということです。さしたる根拠もない権威や流行に、皆あえて逆らうこともない。長いものには巻かれて、うまくやった方がいい。芸術の類いも、総じて時代への抵抗感の乏しい、大勢順応型のものが幅をきかせて面白くも何ともない。

先月ここに書いた画家熊谷守一は、文化勲章を断った人として知られます。諸説あるなか、彼の自伝『へたも絵のうち』をまとめた田村祥蔵さんは、国から内示を受けた熊谷が「人が人に勲章をやるなんて」と顔を真っ赤にして怒ったという話を、奥さんから聞いています。

しかし熊谷はその話を書くことを禁じました。代わりにもらう人に悪いから、という理由です。そういう気遣いをする人だった。自分の考えを他に押しつけるつもりはなかった。

ほんとうのところ彼の真意は謎というほかありませんが、その怒りは、賞であれ勲章であれくれる側が権威なのではない、受ける側の功徳でこそ成立するのだという本来の意味を、思い起こさせてくれます。人に聞かれると彼は「お国のためにしたことはない」「袴《はかま》をはくのが嫌だった」「これ以上人が来ては困る」などと言っていたらしい。嫌なものは嫌だという自分の態度を示せば、理由は何でもよかったのでしょう。

半世紀近い昔の話です。世俗最高の栄誉に何ほどの価値も見ようとしなかった熊谷守一の生は、人間のもつ多様な価値観の一つの「極北」を指し示しています。そういう行き方があるということです。

日々、何通も届く展覧会案内のなかに、おお、これは懐かしい「反骨」の文字の躍るチラシを見つけました。町田市立国際版画美術館で開催中の「反骨の画家　利根山光人《こうじん》」展です。

世田谷の寺でこの人の葬列を送ってから二十年近い日が流れました。照りつける日ざしの下、五百人をこえる会葬者がその場に残り出棺を見送りました。日本の作家には珍しい、快活で人なつこい、陽性の人でした。

彼は大学の国漢科を出たのち美術の道に入り、狭い画壇世界を大きくはみ出して生きます。読売アンデパンダン展などに出品する前衛だった昭和三十年、三十四歳のとき、東京で見たメキシコ美術展に打ちのめされ、「たちまちパリがたそがれて見える」経験をします。近代文明のもとで洗練された美術ではない、人間の原初的な生命の力が真っすぐ表現された古代文明の、あるいは土俗の造形の、虜《とりこ》となったのです。

しばしばメキシコに渡ってマヤ文明から現代の壁画芸術に至る表現に触れて歩き、日本では九州の装飾古墳や東北の鹿《しし》踊りから造形の力をくみ上げます。その間、ダムの工事現場や炭鉱で生活し、自分の身体がじかに大地とつながる感覚を内に蓄えていきます。

彼は言っていました。「テクノロジー万能の時代に、絵を描くなんてほんとうに原初的な手の行為です。洞窟画の時代と何が違うのか、何も違っちゃいない。だからこそ、遠く忘れかけている幼児を、人間を、こだまのように呼び戻すことができる。芸術に進歩なんてありません」

彼の残した膨大な量の作品のうち、版画五百余点が町田市立国際版画美術館に収蔵されています。そこから百二十点余を選んだ今回の展観は「悪魔払い」「メキシコ古代文明と日本の装飾古墳」「インド女神」など十二章。油彩画展を見るような輝く色彩と野太い形態のうちに、荒々しい生のエネルギーがほとばしる世界です。

利根山光人がそうして合理的でも機能的でも効率的でもないものの表現に打ちこんだ時代、美術の「主流」は西欧近代の延長上で、目先のはやり廃りを気にしつつ新奇さや洗練の度合いを競っていたわけです。そういう位置にいたからこそまさに今見直されるべき作家、という確信のもとに、企画を担当した学芸員滝沢恭司さんは「反骨」の二文字を冠したのです。（7・27）

独りの時間にはじまる

多くの日本の学生にとっては実質二か月近い夏休みの半ばを過ぎたあたりでしょうか。休みの始まる前の七月最後の授業で、この十何年か、雑談風に話してきたことがあります。群がって何をやるも結構だが、せっかくの長い休みだ、「独り」の時間を持とうではないか、ということです。

人間にはそういう時間が必要だ、大人も子供も、というおしゃべりをするだけのものでしたが、十年ほど前、ノンフィクション作家の吉岡忍《しのぶ》さんが新聞コラムで同様のことを明確に、根拠を示して書いておられたのに目を開かれ、以来その記事を使わせてもらっています。

おおむねこんな話でした。大人は仕事や家事を、子供は学校を忘れられる何日間かがやってきた。この間こそ自分は「独り」になりたい。テレビを消し新聞や週刊誌も読まずパソコンのニュースもオフにし、仕事の知り合いにも会わず、ひたすら「独り」でいたい――と。

考えてみれば我々は異様な世に暮らしている。どこへ行っても景気の話、政治のごたごた、スポーツの話題、皆が同じことを同じ口調で話している。どれも大事な、考えるべきことに違いないが、我々の頭は週刊誌の目次ではない、ニュースの電光掲示板でもない——と。

吉岡さんはある中学生の家庭内暴力事件を調べていて、夏休みの間だけその暴力がとまっていた事実に行き当たります。学校へ行って、人と同じように勉強することを皆当然と思っているが、ほんとうにそうか。学校が強制的に子供を駆り立て、「独り」にしてくれない場になっていることを、自分は深刻に考えたい——と。

幼時から常に追い立てられ、駆り立てられ、評価評価でがんじがらめにされてきた子供らには、夏休みこそ目先のことから解放される良き空白でした。現実はどうでしょう。

コラムはひと昔も前のものです。「どうやら私たちが暮らしているのは〈独り〉になれない世の中、〈独り〉をなかなか放っておいてくれない世界である」という事態は、むしろ病的に進行してきているようです。

一人の少年がいました。夏の朝、琵琶湖に近い街道沿いの駄菓子屋の前で開かれるラジオ体操が楽しみだった。夜明け前のクヌギ林に入り、ひとしきりクワガタ捕りに熱中してから体操に回る日も多かった。

ある朝。クワガタ仲間の同級生が、意味ありげな笑みを浮かべ「ええもん、見せたろか」と言って、両手に包んだものをそっと開いてみせました。白く光るものが見える。何だろう。胸が高鳴ります。蠟細工のように繊細に震える……それは白いセミでした。

そっと触れてみる。柔らかい。透き通っている。誕生したばかりのセミ！　少年は「初々しい生命のようなもの」に、不意に出あったのです。夢にまで見るようになります。もう一度、何としても白いセミを見たい。その一念で羽化の場所を上級生から聞き出し、懐中電灯片手に真夜中の弁天の森を独り探し回って、ようやく一匹の白い輝きを見つけます。その瞬間、「狂気に近い喜びと大きな恐怖」に襲われ、彼は一目散に逃げ帰るのです。

少年は、長じて昆虫を撮る写真家になりました。彼自身が書いているそうした少年時の躍動する生命体験こそ、数ある昆虫写真のなかで彼の世界を特別なものにしている根源かもしれません。

宇都宮美術館で開催中の今森光彦写真展「昆虫四億年の旅」で、改めて、その独特の深さに引きこまれました。

アフリカの砂漠で、フンコロガシが巨大な糞球を転がしている写真があります。見れば砂の上に点々と作業の跡が続き、糞と格闘する姿が長い影となって砂上に落ちています。小さな草も長い影をひいています。これは炎暑下の労働です。彼らは、つべこべ言わずひたすら生きている。そのけなげさと哀愁です。アフリカの大地に這いつくばって、この片隅を「世界」として撮っている写真家の姿が見えてきます。昆虫と連帯する人の姿勢です。

昆虫たちの顔を正面からアップでとらえた写真も数多くあります。単に造化の妙を形として撮っているのではない。思わず「やあ」と声をかけたくなるような、親密で侵しがたい一個一個の人格が、いや虫格が、ここには浮かび出ています。

彼らには人類の何十倍もの長い歴史がある。何百万種にものぼる地上生命の八割は昆虫だといいます。人間が地球の間借り人なのです。

琵琶湖のほとり、自然と人間の暮らしがせめぎ合いつつ共存する「里山」で、今森さんは隣人である虫たちに独り向きあう時間を通して、億年の生命への洞察を養ってきました。

「昆虫は私にとって被写体である前に常に敬意を払うべき生命として存在する」という彼の言葉も、そういう時間の深みから生まれてきたはずです。

（8・24）

ものみな三十八億年を生き

リニア中央新幹線の詳細と駅の場所が発表されました。品川から相模原、甲府、飯田、中津川を通って名古屋まで。飯田で生まれ、十年前まで相模原に、ひと月前まで品川駅近くに住んだ者としては、感慨なきにしもあらずです。反面、つくづく、自分も年をとったなと感じます。新幹線にも、東京の大深度地下鉄にも、まれには飛行機にも乗るのに、地下深く掘られた穴の中を時速五百キロの磁力で突っ走る無人運転の列車が、早い話「怖い」。何の必要があるのかと思う。

人間はさまざまな生理的条件を克服して、文明を前へ進めてきました。みな平気を装っていますが、知らないうちに無理を重ね、ストレスをためて「文明的疲労」に陥っているのではないかと妄想します。年をとるとは、自分の生身の感覚に目ざめることであり、身体の自然に即した生のかたちを考え始めることです。自分の限界が、生き生きと見えてくるのです。

大震災を経験し、人間は限界をもつ生身の存在であることを思い知らされました。近代を支配してきた、生命を機械と見なして速さや効率性を数字で競う思考を脱し、謙虚に自然と折り合っていくべき道を教えられました。むしろ「怖さ」をこれからの思考の根拠にしていこうというのが、今月晴れて初期高齢者の仲間入りをした者の、いささか居直り気味の所感です。

半年ほど前のことです。銀座の画廊の前で、たまたま中から出てきた旧知の画家木下晋さんと鉢合わせしました。鉛筆による細密描写、ただそれだけの手法で人間生命の深みを抉り出す、絵画表現の一つの極北——と、以前この欄で書いた画家です。昨年平塚市美術館で開かれた回顧展はテレビでも大きく紹介され、現代画家にはまれな反響を呼びました。

「いますごい話を聞いてきたんです」と、木下さんは少々興奮気味です。近くの喫茶店に入り、高揚のわけを聞きました。その少し前、早朝のテレビを何気なく見ていたら、出演の科学者の話に引きこまれてしまった。人間と生命をめぐる話で、そのほとんどが自分の考えと同じだった。この人は誰なんだ、もっと話をききたい、と思ってつてを頼り、たった今、会わせてもらってきたんですよ。知ってますか、中村桂子さんて——。

「はは、有名な方ですよ。ずいぶん昔、『二重らせん』という翻訳を読みました。生命誌という考えを提唱していて、いま最も読まれるべき書き手の一人だと思う」「ああ、やっぱりね」

というわけで、中村桂子さん（ＪＴ生命誌研究館館長）と木下さんのその日の対話が、季刊誌「環」五十四号（藤原書店）に巻頭対談「生命と人間」として収録されました。当方にとっては、この夏一番の読み物でした。

瞽女《ごぜ》や元ハンセン病患者の詩人という、激しい差別を生きぬいた人の絶対的孤独に目を凝らしてきた木下さんの言葉は、厳しいものがあります。昆虫が何億年もの生命をつないできた存在なのに、たかだか二十万年の歴史しかない今の人間の傲慢さはどうだ。この地球に現れた、最も邪悪で愚かしい生きものではないか。あす滅びたっておかしくない——。

中村さんは木下さんの激しい言葉をやんわりと受けとめ、すべての生きものが生命発足以来の三十八億年という時間を体の中にもつことを語ります。生命誌とは、連綿と続く生きものすべての歴史とその関係を読みとり、新しい世界観の構築へつなげようという作業です。

中村さんは語ります。現代社会は、人間がすべての生きものの上にいると思っているから間違える。それぞれの生きものが特徴ある生き方をし、他の生きものと関わりながら、上手に、懸命に生きている。人間もその仲間であり、もっと賢い生き方ができるはずだ——と。

たとえば近代以降の人間は、なぜか、もっと速く、もっと大きくという進歩の価値観で動いてきた。それはこの数百年の考えにすぎず、人間の絶対価値ではない、とも中村さんは言います。大きな時空におけば、違う風景が見えてきます。

これからは生命論の時代ですね——木下さんが勤める美大のある金沢を訪れて改めて語り合い、その足で大阪・高槻のJT生命誌研究館を訪ねました。ここに、中村さんたちが作った「生命誌絵巻」が展示されています。

自然の風景の中に扇型の空間が開け、三十八億年の生命の歴史が展開します。要の部分に不定形の細胞があり、そこから扇広がりに生命が増殖し、形を明確にし、海から陸へ、ひしめきあっていきます。その先端近く、人間もまた他の生物とともに場を与えられています。館の玄関を入った一角にひっそりと掲げられた絵巻は、息をのむほど美しい。これが世界、これが地球です。すべての人にこの絵を見てほしい、という衝動に駆られたのです。（9・28）

売れようが売れまいが

バリケード封鎖された大学構内にタテカンが林立し、アジビラが舞っていた時代のことです。古びた学生会館を根城にする文学サークルの学生の間で、静かに回し読みされている何冊かの本がありました。

独特の判型の、堅牢な箱と厚めの表紙に、これも少し厚めの本文紙を使った、いささか開きにくい、つまり軽々に扱うことを拒むような、ひそやかな造りの書物でした。

『芸術の自己革命』『光る闇への旋回』『行け帰ることなく』『黄昏の系譜』。そんなタイトルをもつ文学評論や歌集、詩集でした。学生の関心はむろん中身にありましたが、精魂こめたその造りにも、発行元の「深夜叢書」という名にも、発行人の「齋藤愼爾《しんじ》」という名にも魅了されていたのです。

めっぽう画数の多い二つの固有名詞からは、深い夜の森の気配が漂っていました。発足して日も浅いその出版社は、すでにして伝説的でした。四十二、三年前の話です。

吉本隆明、寺山修司ら一線の書き手から新人まで、深夜叢書は、齋藤さんが自らの基準で企画し編集する出版社として知られるようになります。現代の苛酷な出版状況下、健闘する小出版社は少なくありませんが、深夜叢書の狷介なまでの行き方は際立ったものがあります。

この夏の終わり、舞いこんだ一通の封書は、「深夜叢書社創立五十周年と愼爾さんを励ます会」の開催を告げていました。呼びかけ人は、作家の瀬戸内寂聴さんでした。

遠い記憶の闇に輝くあの深夜叢書が、半世紀をへて今も生きている――それは、回ってきた本を限られた時間で必死に読んでいたかつての学生にも、奇跡の事態なのです。

出したい本を出す。あるいは出すべき本を出す。多くの出版人にとってそれは「最初の志」でしょう。現実はそうは行かない。採算をとらなければならない。売れないものは出せない。本当は、採算を度外視したって出すべき本はある。分かっている。だが経営が許さない。

出版人を引き裂いてきたその相克を突き破り、売れようが売れまいが出したい本だけを出す離れ業を演じてきたのが、齋藤愼爾さんでした。その意味で、ただ一人の出版人です。

なぜそんなことが可能だったのか。齋藤さんは言います。「原価計算なんかやっていたら出したい本は出せません。五十年で四百五十点出してきましたが、ほとんどが赤字です」

「お金をためるんです。たまったら次の本を出す。いつも、この本を出したらやめようと思いつつ、出たらまた次に出すべき本がある。赤字は別のもので補うしかありません」

むろん売れるに越したことはない。売れてほしい。でもそれよりも「出す」意味の方が大きい。だから深夜叢書は会社組織ではなく、あくまで個人出版です。つまり戦後の日本を支配してきた「もうける」という唯一価値からも、「採算」という強迫観念からも、自由です。

かつて作家の干刈あがたさんは言いました。「深夜叢書社の出版物がユニークなのは、社主のユニークさによるものである」と。

齋藤さんは早熟の才能をうたわれた俳人であり、『寂聴伝』『ひばり伝』『周五郎伝』の作者であり、文芸評論家、書評家であり、『キネマの文学誌』など編者としての業績多数、音楽批評を担当し、ゴルフ記者を務めたこともある。持てる才を総動員して、もうけにならない出版――寂聴さんの言う「孤立無援にある表現者たちの作品を世に送り出すという困難な仕事」にすべての糧を注いできたのです。現代の偉業というべきでしょう。

今のソウルに生まれ、敗戦で父の生家のある山形県飛島《とびしま》に引き揚げた時、七歳。海辺に出て、はるかな広い世界に憧れる少年でした。文化への飢えが、やみがたくあったといいます。深夜叢書を始めたのは、山形大学の学生時代でした。

一人の出版社とはいえ、事務や校正や装丁など仕事を分担してくれる助っ人には恵まれました。本ができても配本してもらえず、製本所に預け放しだったこともある。その人が「いつか齋藤を男にしたい」と言ったという話も伝わります。

先日東京で開かれた「励ます会」には、寂聴さんほか、対談集を出した作家五木寛之さん、句集を出した社会学者上野千鶴子さんら、深夜叢書を応援する百五十人が集まりました。

齋藤さんは「普通なら十年、二十年と積みかさねて信頼も高まっていくが、僕の場合、情況と刺し違えるなどと言いながら生き延びてしまった。恥です」「売れる本も出せるけど、お金があれば、やはり出したい本を出す。まだ出してない本がたくさんあります」と挨拶し、拍手を浴びました。

寂聴さんの言う「昔と全く変わらない」「その道の親分になろうとしない」青年の魂と、抵抗の意志ゆえに、半世紀続いたことが分かる気がしました。

（10・26）

なぜここまで壊れたか

地下鉄駅から上がって百貨店六階の画廊へ向かうとき、その売り場の前をよく通りました。いかにもブランド店らしい高級感が漂って、いつも人だかりがしていました。

あちらの一流ホテル、こちらの老舗百貨店と、先月来、西も東も入り乱れて次々に露見してきた食材偽装が、横目で通り過ぎていたその店にも及んで、いやはや、「車エビのテリーヌ」の正体がブラックタイガーだったとは、しゃれにもならぬブラックな話です。

世の一流とか名門とかセレブとかいうものをもともと信用しない当方は驚きもしませんが、ブランド好みの人にはそれなりの衝撃だったと思います。

ステーキと称するものが実は成形肉だった。鮮魚をうたったものが冷凍魚だった。地鶏のはずが普通の鶏肉だった。どんな言い訳をしようが、それは「人をだました」のです。

そうしたやり口を、古来、東洋では「羊頭狗肉《くにく》」と呼んで軽侮の目を向けてきました。高価に見せかけて品質の劣るものを売りつける。見てくれだけで実質が伴わない。見かけ倒し。

人のなすこととしては卑怯です。しかも人間の歴史とともに古い。立派な風を装って陰で不正をはたらく者は、古今東西、詐欺師と同様どこにでもいるのでしょう。

食材偽装について言えば、数年前にも、十数年前にも、大騒動がありました。その時も、ある新聞のコラムが「羊頭狗肉」の四文字を使っています。何も変わっていない。何ひとつ学んでいない。全く懲りていない。今回も次から次へ社長や役員クラスが会見の場に現れ、「故意ではない」「偽装でなく誤表示だ」と言い張り、「従業員の勘違いだった」「内部の連絡ミスだった」などと並べ立てました。見苦しく、恥ずかしい光景です。

かつて司馬遼太郎さんは日本文化を語って美意識ということに言及しています。日本の社会は宗教のような絶対原理で組み上がっていない。制度もすべて形だけの輸入で、内容は輸入してこなかった（つまり形式だけで生きてきた）。それでも秩序がうまくいったのは、「恥ずかしいことをするな」「そんなことを言ったら笑われる」という「世間の基準」のようなものがあったからだ。それはモラルではなく美意識なのだ——と。

企業のトップたちにわずかな美意識があれば、「潔さ」を演じることだってできたはずです。経済効率最優先、もうけ、もうけでがんじがらめの現代日本では、美意識などという数量化不可能な価値観のはたらく余地はないらしい。

一連の偽装に対して、法令順守の徹底や規制の強化を求める声も強いようです。むろん対症療法的な策は必要ですが、一方、一流と呼ばれるところがズルをしていた事実が醸す「イヤな」感じは、何かに違反したからではなく、何かが崩れている気配があるからです。

法令違反や規制無視は、取り締まることができる。社会は壊れない。厳しくやればいい。しかし人間の倫理観の喪失や美意識の崩壊は、取り締まることができない。見えないところで社会は蝕まれ、壊れていく。その虫食い音が、ほら、さくさくとかすかに聞こえています。

思い起こすのは五年前の冬、早大教授の定年を迎えた加藤諦三さんが最終講義で語った「非社会性」という言葉です。あらゆる老若男女を相手に現代人の心のあり方を探ってきた社会心理学者がつかみとった、「現代日本の病原菌」です。

加藤さんは、まさに、法律の外側の問題——共同体としての社会が積み重ねてきた経験上の合理性、つまり人間にとって説明不要の当たり前、暗黙の了解事項、それが崩れてきた。人間ならこうだろう、という自明性が理解されなくなった——という問題を、指摘したのです。

暗黙のルールがなくなれば、規制するものは法以外にない。だから法令順守などとことさらに言い立てることになる。逆に、法に触れさえしなければ何をしてもいいことになる——。

「人としてふさわしくない行為というものがあることを、責任ある立場の人でも分からなくなっている。老舗の不祥事は、経済効率主義、利益至上主義の結果ですが、そういう経営の前に、自分たちの伝統や、生き方考え方をしっかり身につけていれば、こんな不祥事は起きなかったと思います」。四年前に刊行した『非社会性の心理学――なぜ日本人は壊れたのか』（角川書店）で加藤さんは、今回のような事件が起きる背景を、現代人の「心理的成熟」の観点から余すところなく語っています。

ものごとの加減、自分の位置感覚――そうした自明性を養うのは、さまざまな他者とのコミュニケーションの経験です。

人間関係の希薄化のなかで、みな無理して体裁を作って生きてきた、無理をすることで意味内実のある生活を失った――という加藤さんの言葉には、どこかいたわりの響きがあります。

（11・23）

人間の気高さについて

年の初めに、磯田道史さんの『無私の日本人』という本のことを書きました。歴史から掘り起こした、他人のことを我がこととして生きた人々の話です。

年も押し詰まって、この一年のさまざまな人間の行為が記憶によみがえります。メディアを通して伝えられたそれらは、業界ぐるみの詐欺的行為や、傲慢ゆえの政治家の失言、失態などどろくなものがないのですが、わずかながら、自分の胸中に特異な光芒を放つものがあることに気づきます。

線路に倒れた老男性を助け、自らは電車にひかれて命を落とした四十歳の女性がいました。かつて警察官が、さらに以前は日韓の男性二人が、線路内で人を助けようとして亡くなったことを思い出します。咄嗟のことであり、考える間もなく体が反応した行動でしょうが、行為した側が命を落とすという結果の重大さゆえに、その事実の厳粛さゆえに、事態をどう受け止めていいのか混乱してしまいます。

かろうじて考えます。実際にそういう行為はなされたのであり、結果としてであれ自分の命で他人の命をあがなう行為は人の世に存在したのだと。その驚きと衝撃のなかに、ある救いの感覚は生まれていると。

身をなげうつ行為を無謀という人もいるかもしれない。しかし他人のことなど眼中にない時代、目前で起きた他人事に前後を考えず突進した無謀はまさに「無私」であり、深いところで人間への信頼をつなぎ留めてくれたのだと思います。祈りをこめ、心からの「ありがとう」を言うほかありません。

出生した病院で取り違えられたまま六十年を生きてきた男性がいました。裕福な家庭に生まれながら、取り違えのせいで貧しい家の子となった。中学を出て働き、定時制高校に通って、今はトラック運転手です。六十年は全く取り返しがつきません。自分だったらどうか。出口のない、持って行きようのない無念にうちひしがれて錯乱し、天を呪うでしょう。

しかし彼は感謝の言葉を口にしたのです。貧しかったけれど親はできることを精いっぱいやってくれた、兄たちもかわいがってくれたと。その内面にどんな嵐が吹き荒れたのか、想像を絶します。しかし彼は育ての親たちを思いやった。名づけようのない悲劇は、外に現れた本人の言動という一点で救われたのだと思います。彼自身が自らの行為で事態の悲惨さを救ったのです。これからの人生に幸多かれと、祈らずにはいられません。

V・E・フランクルの『夜と霧』（みすず書房）は、ナチスの強制収容所から奇跡的に生還した精神科医が、収容所における人間の現実を体験のままに書いた記録です。十七か国語に翻訳され、日本では霜山徳爾《とくじ》氏の旧訳と池田香代子氏の新訳がともに増刷を続けている特別な書物です。

人間が他の民族の絶滅をはかるという人類史上最悪の組織的犯罪がなされた場、それがナチス・ドイツの強制収容所です。ヨーロッパ各地から連行され虐殺されたユダヤ人は、六百万人ともいわれます。苛酷な労働、拷問、人体実験、そして飢え、衰弱の果てのガス室送りという地獄において、人間が人間でなくなるのは当然かもしれない。生き延びるためには死にかかった仲間のパンも靴も奪い取る。人間は環境の動物であり、地獄では自らも鬼畜になり果てる――多くの人はそう納得するでしょう。

しかしフランクルは伝えています。最悪の環境下、自分が餓死寸前なのに仲間を思いやる言葉をかけ、なけなしのパンを譲る人がいたことを。極限の状況下で、なお他人のことを心配する人が、夕焼けの美しさを皆に教える人が、いたことを。普通の人のなかに、そういう高い精神があったことを。

むろんそれは一握りの人だった。しかし強制収容しても奪い得ない人間最後の自由は、確かに、現実に、存在したのです。この書が戦後出版史に不滅の位置を占めるのは、そうした「人間への最終的な信頼」が静かに語られているからです。

年末の雑事に追われる時間を割いて、水戸市の茨城県近代美術館で年明けまで開かれている「聖なるものへ」展を見てきました。近代現代の美術作品に、人間を超えるもの——崇高なものへの、憧れと畏れを見ようという試みです。

経済効率性や功利性がすべての価値を決する時代には、おそらく社会の表面に見えてこない主題です。しかし一人一人の作家の孤独な営みのなかに、沈黙の時間の内に、それは鮮やかなかたちで浮上します。

村上華岳《かがく》『菩薩座像』が、小川芋銭《うせん》『狐隊行』があります。髙島野十郎《やじゅうろう》の油彩『蠟燭《ろうそく》』が、舟越保武《やすたけ》の彫刻『聖ベロニカ』があります。木下晋の鉛筆画『無心』があります。感覚をとぎすまし、一心に念じて、作家は「気高いもの」に迫ろうとします。連綿と、見果てぬ夢のように、時代を超えて続いてきた作業です。

（12・28）

二〇一四年

〈花 '81〉

鉄斎の土壌を成したもの

年末から年始にかけて、新聞社の引っ越しを機に、机上や戸棚にあふれていた多くの資料類を整理しました。新社屋に持ちこめる量に限りはありましたが、それよりも、自分の残りの時間を考えて自ら不要と判断したものが、結構な数になりました。

美術の資料は、作品集も展覧会図録も、基本的に大変重い。三十四年の間、あちらへ運び、こちらへ移し、日々押しつぶされそうになって生きてきました。

生前は高い人気を誇った人のものも、権勢を振るった人のものも、作品が高額で流通した人のものもあります。もう使うことはないでしょう。

幸い、なじみの古書店が全部引き取ってくれました。お金はいただきません。古書店の棚から、また必要な人のところへ行ってくれればいい。

宅配便の箱に詰めながら、そぞろ時の流れの無情を感じていたのは確かです。人気の人も権勢の人も、本人がいなくなれば残るのは仕事の質だけです。評価も変わります。名を保とうとする努力も、権威を支えようとする戦略も、生きている限りのことでしかない。いずれ、おのずと、答えは出ます。

だからそんなことは放っておいて、いま成すべきことに集中するしかないのですが、相変わらず美術の世界には名誉や権力の順番待ちをしている者が多いようで、愛想が尽きます。

むろん現役、故人を問わず、この人とは付き合っていきたいと思って資料を取り置いた作家も、たくさんいます。富岡鉄斎もその一人です。

何だか古いイメージに彩られた、自分には縁のない存在だと以前は思っていました。幕末明治の文人画家、むしろ儒者であり尊王家だった人。自分の絵を見るなら画中の「賛」つまり言葉から読んでくれ、俺は学者だ、と言っていた人。

二十年前、鉄斎コレクションで知られる宝塚市の清荒神清澄寺で「層巒《そうらん》雨霽《うせい》図」という鉄斎三十二歳の墨画山水を見せてもらって以来、印象は変わりました。重畳の山を表すに、彼は墨に浸した指先を紙になすりつけ、激しい墨線を一気に格子状に組みあげて天へ駆け上ります。激情に駆られたか、酔余の一興か。身体を画面にぶつけるような直接性にみちた抽象の山水です。

老境に至るほどに、とりわけ理想郷としての仙境を描く彼の山水は色彩の輝きと形態の力強さを増し、底深い精神的宇宙の観を呈していきます。言葉から、という意に逆らうように、絵が造形それ自体としての魅力を際立たせていくのです。生涯を通して鉄斎は人気作家でした。作品の数も多く、贋作も少なくない。にもかかわらず死後も評価は下がらない。時代の先端など行かなかったのに。近代日本画の歴史ともほとんど交わらなかったのに。だから美術史家は頭を抱えます。痛快な男というべきです。

愛知県で鉄斎展が開かれていると聞いて、無性に絵の前に立ちたくなりました。碧南市藤井達吉現代美術館の「画人・富岡鉄斎」展です。目ざす山水は『夏景山水図』七十七歳、『瀛洲《えいしゅう》仙境図』八十八歳など逸品が待っていました。

峨々たる山の懐深く抱かれて茅屋に読書する男一人。あるいは集う神仙。かつて井上靖氏は彼の仙境画を「鉄斎自身がそこに遊び、人をも遊ばせてくれる」と評しました。まさに中に入って風に吹かれ、雨にも打たれようという空間が、強い筆触の内に開けています。

こちらの体をすっぽり包みこむ、身体性豊かな絵画。日本の山水画は、胸中の理想としての観念性の強さゆえ近代への出口を持ち得なかった世界ですが、鉄斎の場合はそうした身体性、造形性ゆえに、意図せずして近代の方へ突き抜けてしまったところがあるようです。

鉄斎の山水には、他の南画家の超然として孤絶する世界にはない体温があります。彼は万巻の書を読む一方、全国を歩いて土地の歴史や風俗に接し、絵の主題にもする行動の人でもあった。実践を重んじた陽明学の影響ともいいます。

絵もまた南画から大和絵、琳派などあらゆる流を独学し、神、仏、儒、詩文、漢学にも通じていた。人文全般への、つまり人間への強烈な関心です。すべての「知」を渉猟して文人のあるべき境地を探り続け「終生権門に属することなく富貴に媚びることない生涯を送った」（木本文平館長）のです。

実は鉄斎は、あの磯田道史氏の『無私の日本人』に登場する大田垣蓮月尼のもとで少年期を過ごしています。起居をともにする中、尼の過激なまでの無欲の流儀が繊細多感な少年の魂を揺さぶらなかったはずはない。

磯田氏によれば、蓮月は、なぜそんなに優しいのかと問われ「別に優しくしているつもりはない。自分と他人のちがいなどありはせぬ」と答えます。その問いこそ少年鉄斎の発したものでした。間違いなく画人鉄斎の土壌を成したものの一つです。

（1・25）

自分の頭で考えてくれ

昨年公開された時に見逃した映画「ハンナ・アーレント」が別の館に短期間掛かって、運よく見ることができました。

当方、熱心な映画ファンでも映画を語る気力の持ち主でもありませんが、今回は少々違いました。世評は知らず、この映画の主題が「言葉」であることが面白かったのです。

言葉、すなわち思考、すなわち思考する人間――ハンナ・アーレント（一九〇六―七五）は、ドイツに生まれ、ナチスの迫害を受けてアメリカに亡命したユダヤ人女性。全体主義の考察で名をなした政治哲学者です。

そういう人が、第二次大戦中のナチスによるユダヤ人大虐殺をめぐるいわゆるアイヒマン裁判を自ら希望して取材し、書いた報告記事が世を震撼させたという話です。派手な身振りも筋立てもない、専ら主人公の思考の過程と内面の動きを追う映像に、ほとんど二時間、釘づけにされました。マルガレーテ・フォン・トロッタという監督は凄い。

アイヒマンは、ナチス親衛隊幹部として六百万人ともいうユダヤ人を強制収容所に送りこんだ責任者。一九六〇年に逃亡先のアルゼンチンで捕らえられます。この史上最悪の犯罪者の正体を、ユダヤ人アーレントがどう暴き出すか。世は固唾をのんで見守ったはずです。

エルサレムに赴いたアーレントは、しかし裁判を傍聴しながら重大な疑問にとらわれます。目の前で裁判官や検事とやり合う男は、最悪どころか、ただ命令に従って任務を遂行したと言い張るだけの小役人です。人類に対するあの大罪を犯したのは、どこにでもいる、無思想で無思慮なだけの凡人だった――その事実にアーレントは衝撃を受け、「悪の陳腐（凡庸）さ」という概念を導きます。悪は、何ら特別ではない普通の人間の問題だということです。

アイヒマンは怪物でも反ユダヤでもなかった、という彼女の記事は、ユダヤ人の友を含む世の激怒を買います。おそらく世間の側には、被告席に悪の権化を見いだすことで収まりがつくという「筋書き」があった。

アーレントは、ナチスに協力したユダヤ人の問題にも言及していました。仲間の逆鱗に触れたのです。「ナチスを擁護するもの」とそしられ、脅迫され、勤め先の大学からは辞職を勧告されます。袋叩きです。

裁判の論考をまとめた『エルサレムのアイヒマン』（邦訳みすず書房）をはじめ、アーレントに関する文献を読んでみると、この思想家の重要な論点が「自ら考えないことの悪」にあったことが分かります。

たとえば。アイヒマンが官僚組織中の歯車にすぎなかったとしても、その無思慮な人間が他者への想像力を欠いたゆえ、自分の携わる仕事がもたらす結果への想像力を欠いたゆえに、巨悪は生じた。組織が命じても「それは自分にはできない」と判断して去る道もある。行為しないという抵抗の形もある――。

判断するのも、決めるのも、一人一人の個人なのだということです。厳しいけれど、現代社会においても有効な座標軸になりうる考えです。

映画の最後、アーレントは学生への講義の形で世の攻撃への反論を展開し、「考えることで人間は強くなる」と結んで喝采を浴びます。一編のすべてが凝縮された大演説です。しかし映画はここで終わらない。そのあと、講義をきいたユダヤ人の親友が絶縁の言葉を突きつけます。見る側には宙吊りの感もある最後です。ここからは自分で考えよ、アーレントの言葉を吟味せよ、という監督の声を聞いたような気もします。

アーレントのことを考えるうちに当方の頭はいま騒動になっている偽作曲家の問題に切り替わっていて、双方がどこか同じような空気に包まれて見えます。前にも書きましたが、人をだまして生きる人間は古今東西どこにでもいる。根絶は不可能です。つまりだまされないようにするしかないのですが、今回のように別人の作などと見抜けるわけがない。

ただ、こういうことは言えると思います。当方もあの曲の一部をテレビ番組で耳にしましたが、「何だ、マーラーじゃん」と思った。それらしきクラシックのさわりをつなぎ合わせたような、「ありそうな」音楽だと思ったのです。好む人がいてもいいけれど、あれほどもてはやされるのはどう考えても不自然です。

むろん曲の背後にある「聾《ろう》」「ヒロシマ」という物語の効果です。そういう物語が批判を封じこめる。世の筋書きに逆らう者は排除される。はやりもの、もてはやされるものには、からくりがあります。背後には商業主義や権威主義がひそんでいます。

人がどう騒ごうが、自分で受け止め、自分で考えて、つまらなければそこから立ち去ればいい。自分は加わらない、自分はそうしない、という身の処し方もあるのです。

（2・22）

雑貨主義は解放の思想

ふだんそれほど意識しているわけではありませんが、年とともに、家でぼんやり過ごす時間が快適になってきました。

幼時から親しんできた音楽をとりとめもなく聴いています。あるいは、机上の片隅に鎮座するものを眺めています。ある年の正月、京都・三年坂の丸山人形の店先で目が合って求めたお多福さんです。野暮ったさとは無縁、ふくよかで円満この上ない表情を見ていると、実際に気分が和んでくるから不思議です。この国にはいいものがあります。

手元に置くものは本とレコードとCDだけと決め、飾りものを排して殺風景に徹してきたはずが、いつの間にか異質な空間が入りこんでいました。お多福さんの隣には、その昔、横浜の中華街を歩いていて露店の道具類の間から声をかけられた（と思った）托鉢姿の小坊主君が、こちらを向いて立っています。手のひらに載るほどの、邪心なき小世界です。

ひと月ほど前の夕刊に載った作家藤原智美さんのコラムが印象に残っています。

愛用する急須のふたが割れてしまった。高価ではないが、扱いやすく飾り気のない姿が気に入っていた。東海地方の製造元を探し出して連絡したら、ふただけ別売りに応じ、しかも東京まで直接届けてくれた——。

何とも時代離れしたこの感覚も、良き「もの」を介してこその話でしょう。傷は治し欠損は補って愛着のあるものを使い続ける幸福と、そのために可能な限り支える作り手の幸福が、ここには語られているようです。

高価でも希少でもない雑貨、雑器のたぐいが、しかし心地よく人に働きかけ、十分に日常を満たしてくれる。ことさら言い立てるまでもない自明のことですが、ある異色の展覧会を見て改めて目をさまされました。

一言で言えば、経験豊かな一人の画家が、手元に漂着するまま所持してきた少年時からの雑多な「もの」たちのすべてを引っ張り出し、自分の近作絵画とともに展示する——すなわち、ザッカとサッカの競演です。

題して「これっていいね　雑貨主義」展。開催中の大岡信ことば館（新幹線三島駅前）に、二度足を運びました。広い会場に島のように展示台がしつらえられ、アトリエから出てきた雑貨たちがその上で思い思いのポーズをキメています。

切手、カード、人形、玩具、皿、壺、カップ、鉄板オブジェ、世界の布、かご、タイル、ポスター、民俗画、仮面、楽器、スタバの雑貨類、路傍の石ころ。いやはや、改めて一つ一つ光を当てられた彼らの存在感は見事なものです。「もの」は細部をもつ、という発見です。

「雑貨主義」を掲げてこの展覧会を開いたのは、画家の谷川晃一さんです。本欄でも折にふれてその仕事を紹介してきました。魑魅魍魎の棲む美術の世界で、当方にとって、光のある方向を指し示す羅針盤のような存在だったからです。

一九六〇年代前衛の最も若い世代として登場し、一貫して己の「内部のリズム」に従った制作を続けてきた人です。一方で理論優先の二十世紀美術のあり方に疑義を呈し、時流に乗じる者や権威ぶる人間たちの空疎で滑稽な姿を皮肉り、あらゆる事大主義に刃向かう戦闘的な論客でもありました。美術はすべての人々の前に開かれている。それは人生の大きな喜びの一つであり、いかなる特権ともヒエラルキーとも無縁のものだ――というのが谷川さんの思想です。

新緑の季節に「伊豆高原アートフェスティバル」を二十二年続けてきたのも、『絵はだれでも描ける』という本を書いたのも、その実践です。雑貨主義展も、その延長上に置けば輪郭がはっきりします。同時に刊行された展覧会と同名の図録（平凡社コロナ・ブックス）で、谷川さんは本邦初の雑貨論を展開しています。

雑貨への関心は、女性の権利思想の広がりとともに高まってきた。それは「女性をのびのび解放し生きる悦《よろこ》びをあふれさせる」ものであり、暮らしの細部の豊かさそのものだ――。

価値を見いだすのは自分自身。基準は、好きか嫌いか、それだけでいい。雑貨主義とは「自分の手の届くことをやる」自由であり、「家で充実した時間を過ごす」自由でもある――。つまり、暮らしの細部に鈍感な男社会の価値観を裏返したところに、雑貨世界は広がっている。

「私にとって雑貨は翼です。絵を描く力、創造の力が、わいてくる。ただし超低空でね」

アトリエの隅、引き出しの内に隠れていた雑貨たちは年月をかけて発酵し、爆発的に外へ現れた。それがこの展覧会だと谷川さんは思います。雑貨の神が圧倒的に働きかけてきたのです。自分は絵かきだが、芸術にこだわってはいない。長年雑貨を集めてきたのも、芸術病から解放されていたからだ――と雑貨論は結ばれます。明るく、しかしズシンと響く、結論です。

（3・22）

ミレーはなぜ偉人になったか

今年はミレーの生誕二百周年だそうです。当方には「ほう」という程度の感想しかありません(でした)が、その名の響きには、ある懐かしさのようなものを覚えます。

あのミレーです。名前だけは誰でも知っている。作品名も、たちどころに言える。種をまく人。落ち穂拾い。晩鐘。みな教科書に出ていました。美術に関する情報が豊かとはいえない時代に、ミレーだけはなぜか昔から知られているようなところがあった。農民画家として清貧で敬虔なイメージのある、しかしどこか古めかしくて通俗的な芸術家像が行き渡っていました。

ファンも多かった。だからというべきか、あまり興味がわかなかった。よく知られた画家なのに忘れられた画家——そういう矛盾した感覚のうちに、敬遠してきたような気がします。

『「農民画家」ミレーの真実』（ＮＨＫ出版新書）と題する新刊が送られてきたのは先月のことです。この時も「あ、ミレーね」という感じでしたが、添えられた編集者の手紙に、思わず座り直しました。

「西洋絵画をありがたがり、画家を偉人に祭り上げる風潮」「作品それ自体よりも作者のバックグラウンドに弱い日本人」といった言葉が立ち上がってきます。うーむ、うまいところを突かれました。この言葉は正しい。直ちに読むしかありません。

著者の井出洋一郎さんは、ミレー作品の収蔵で知られる山梨県立美術館で、開館時からの初代「ミレー番」学芸員を務めた人です。彼の言う「愛好家ばかりで研究者がいない、伝記ばかりで論文がない」ミレーという特殊な画家の、数少ない専門家です。

日本へのミレー紹介は遠く明治二十年代、画家の没後十数年のころに始まっていました。本国フランスからではない、アメリカ経由です。しかもアメリカにおける高い評価とともに、まず『晩鐘』の画家として情報がもたらされます。

農作業を終えた夫婦らしき二人がこうべを垂れて祈る、よく知られた図です。今はオルセー美術館蔵のこの作品は当時アメリカにあり、プロテスタントの篤い信仰者たちに宗派をこえて支持されていたのです。禁欲的な労働（努力）と信仰（情熱）を称揚する図として、世界で覇を競うべきアメリカ資本主義には甚だ都合のいい精神の形が、そこに読みとられていたようです。

そうした礼賛的なミレー観が太平洋を越えて到来し、明治の美文調でその人の生が語られ、道徳的な偉人として広く普及していきます。

心酔者は、文化人にも多かった。夏目漱石は彼を「一代の天才」と呼び、「実際生活を究めんと欲して田園のうちに隠れ、貧に処し、名を忘れ……」と紹介します。有島武郎は、その名も「ミレー礼讃」という熱烈なラブレター的評論（井出氏）を書いています。作品の実物がまだ日本にない時代、もっぱら文字情報と複製画で過剰なイメージが紡がれ、偉人、画聖に祭り上げられていった道筋が見えてきます。

実際のミレーはどうだったのか。彼は農家の長男ですが農業を継がず、画家になりたくてパリへ出ます。絵で身を立てるほかない。自分の原景である農のモチーフと、土をなすりつけたような厚塗りの手法で、パリの上品なサロン展に殴りこみをかけたのです。

パリ画壇におけるミレー評を井出さんは詳しく紹介しています。農民への嫌悪感丸出しの差別的なものから、作品に反権力的な意味をかぎとろうとするものまで実にさまざまです。中立のものなどありません。えこひいきが当たり前。批評者の立場と利害次第で、どのようにも賛否を語ることができる。批評とは勝手なものです。

ミレー自身は、人間の争いに明け暮れるパリを嫌ってバルビゾンの村に移り、自然の中で自分の描くべき主題を深める平衡感覚を失わなかったようです。農の主題に限らず、生涯を通じて肖像、風景、歴史画など多彩に描いている。従来の画家像の一面性を痛感します。

井出さんの見るところ、ミレーとは「あくまでも優れた才能をもった大画家」であって、「聖人でも道徳家でも隠者でもない。頑固者だが社交性もユーモアもある、普通の人格の持ち主」なのです。特定の人間を集中的に一方向的に持ち上げ、天才、巨匠と呼んでトップに仕立て特権化していく病は、現代にもあります。多くは商業主義の要請ですが、そういうものに身を添わせたがる日本人の性向というものも、あるかもしれません。

幸いミレーについては、二百年を機に大型の展覧会がことし幾つか開かれます。「作品を素直に見て、等身大のミレー像を心に結んでもらういい機会」と井出さんは期待します。絵画の糧は、画面のなかに、静かに、ひっそり隠れています。

（4・26）

文化のかたちとしての「おぼろ」

目の黒いうちに（とは大げさですが）一度見ておきたかった風景のなかを歩いてきました。北信濃の、千曲川べりに広がる菜の花畑です。

あの「朧月夜《おぼろづきよ》」という歌の言葉の並び方に、長い間、不思議の思いを抱いてきました。一番は一面の菜の花を前にしての完璧な叙景です。問題は二番。この風景内のすべてのもの——里の灯火も、森の色も、田中の小道を行く人も、蛙《かわず》の鳴き声も、鐘の音も——なにもかも霞んでいる、という詞です。

水蒸気にみちた春の夕暮れのなま暖かい、たゆたうような空気が感じられます。少し昔の人なら誰でも心当たりのありそうな、季節の感触です。灯火、森、人という目に見えるものと、蛙の声、鐘の音という見えないものが、ここでは同等に扱われている。視覚と聴覚の別がない。あえて言うなら、声も音も風景の一部になって「霞んで見えて」いる。

これはなかなかすごいことではないか、と思っていたのです。

長野からの飯山線を飯山で降り、菜の花公園をめざします。近年「朧月夜」の舞台として知られるようになった場所です。真っ盛りの黄に染まる丘は千曲川へ向かって傾斜し、流れは大きく蛇行します。集落の向こう、衝立のように立ち上がる北信濃の山々は、雪を頂いて輝き立っています。日本的絶景の構造が見えてきます。

視界の下半分を埋める菜の花の先、風景は左右から緩やかな裾をひいて入り組み、襞をなします。複雑な肌をもつ背後の山塊は、幾重にも重なって遠くへおぼろに霞んでいます。そこに色彩を点じる菜の花、満開の桜、山々の残雪。つまり季節も重なりあっている。

この、地形と季節の織りなす襞々を、しっとりとした空気が覆います。入り組み、おぼろなのです。そこをかき分けるように視線は進みます。

歌はちょうど百年前に文部省唱歌として世に現れ、作者不詳のまま小学校の音楽教材として長く使われてきました。昭和四十年代になって作詞者の遺族が名乗り出て、飯山に近い旧永江村（現・中野市）出身の高野辰之の作と判明しました。

同時に制定された文部省唱歌「故郷《ふるさと》」も、高野の作でした。どの地方の山河であってもいい普遍性をはらみつつ、ひとまずその映像の源泉は北信濃に――彼の生まれた永江と、青年時代に下宿した寺のある飯山に――あったらしい、ということになったわけです。

菜の花の丘を下り、飯山線で替佐《かえさ》まで戻って、高野の通った小学校跡に立つ高野辰之記念館を訪ねました。

高野が師範学校を出て小学校教師を務め、のち上京して文部省の唱歌教科書編集に携わったことは知っていました。そこで作曲担当の岡野貞一《ていいち》と出会い、朧月夜、故郷のほか「春が来た」「紅葉《もみじ》」「春の小川」などの唱歌を二人が組んで作ったことも今では知られています。

豊富な展示資料を見て回るうちに、彼がただの作詞者ではない、「日本歌謡史」「江戸文学史」「日本演劇史」などの大冊を著し、近松全集の編集も手がけた国文学者だったと分かって驚きました。一千首をこす短歌の作者でもあった。うかつでした。当然ながら高野は、文学の伝統や日本固有の美意識というものに広く通じていたはずです。

おぼろにかすむ当方の頭のなかに、ぽっと電気がともりました。つまり、「鐘朧《かねおぼろ》」か——。

「朧月夜」の一番の詞が蕪村の「菜の花や月は東に」の句を連想させることは、昔から言われていました。もともと俳句的世界なのです。二番はまさに「灯朧《ひおぼろ》」「草朧」「鐘朧」など「朧」のつく季語の連なりのようなもの。高野自身の体験と記憶が詞の底にあるのは確かですが、この連なりは彼の創見というより、長く受け継がれてきた風土感覚の近代的再生とみるほうが面白い。

新しい時代の教育唱歌を、という生みの苦しみもあったでしょう。彼は自分の空間を歴史の空間に重ねていくことで、新たな空間を生む道を見いだしたのかもしれません。

東京に帰り、本紙「四季」欄を十年書き続ける俳人長谷川櫂さんと「おぼろ話」をしました。

「たとえば〈にほひ〉は、かすかなものが華やかに見えるという、視覚に及ぶ言葉です。風鈴の音が、涼しい。これは聴覚が皮膚感覚に及んでいる。〈朧〉にも視覚と聴覚の越境があります」「感覚の境界が曖昧であること。互いに越境しあっていること。そこに日本語の一つの特質があると思います」

朧とは、境目は曖昧でいいという日本人の美意識、もとい文化のかたちを示す言葉のようです。むしろ、五官のすべてを動員して柔らかく全体に触れようとするのです。愛唱歌の世界に教えられました。（5・24）

こせつくもんは要らん

木々の緑が、降りつづく雨にうたれて濃さを増していくときの空気のすがすがしさは、格別のものがあります。清爽の気は、からだの隅々に染みとおって、細胞が一つ一つ蘇生していくような感覚をもたらしてくれます。

人間は人間になって以来の気の遠くなるような年月、この空気を呼吸しつつ自然のただなかで生きてきたことが、はっきり分かります。

人類の歴史の九九・九九パーセントは森のなか、自然のなかだった。生理機能もすべてその過程で自然対応用につくられてきた——という、かつて取材した生理人類学者の言葉を思い出します。

五年前の六月、伊賀山中に住む巨木の造形家ふじい忠一さんを訪ねた話を書きました。めったにお目にかかれぬその途方もない作品が、いま奈良で心ゆくまで見られる話をしようとして、何だか前も同じことを書いた気がしてきました。調べてみたら、やはり「梅雨、緑、呼吸、細胞、人類」といった言葉を使っています。

ううむ、進歩がない。しかし森の側、巨木の側からすれば、人間の進歩なんて大したものではない。何万年も変わらず木は人間に同じ感覚を与えてきたということです。

ふじいさんの巨木作品を初めて見たのは、三十年前、東京の倉庫画廊での個展でした。長さ七メートル、径一メートルもある杉の木が樹皮をつけた生木のまま、ぐにゃりと曲がって自ら立っている。あり得ない光景です。息をのみ、目を疑いました。頭のなかは疑問符だらけ、でも胸がすっとしたのです。

関西の発表では下手物呼ばわりもされたらしい。東京では率直に驚き、面白がる人も多く、木と生命について考えさせて、大きな反響を呼びました。

主な作品は国内外の美術館に所蔵されていますが、移動には重機と多くの人手を要します。大きな展示空間も必要です。それほど、でかくて重い。どうにも間尺に合わない。本人は「こせつくもんは要らん。仕方ない」と言っています。

今回は奈良県立美術館が企画した「美の最前線・現代アートなら」展で、奈良ゆかりの一人として展示の機を得ました。現代に至る日本の造形がいかに自然と直結したところで創意を発揮してきたかを問う試みで、木、竹、紙、土、石などの素材を独自の手法で扱う現代美術家七人を紹介しています。

当方としては、九年前に岐阜県美術館が開いた円空賞の受賞作展で対面して以来です。何百年も直立してきた巨木たちはそのときと同様、くにゃ、と曲がって物言いたげです。ほのかに木の体温が伝わってきます。作為の痕跡はありません。作家の呪文一つでたちまち曲がって見せたという趣です。

実際は長い時間をかけて、少しずつ形を成してきたのです。一年にせいぜい一作。精妙な作業の積み重ねだったのか。思い切りと決断の連続だったのか。

答えはありません。過程はすべて形のなかに封じこめられている。つまり謎です。作者は「そんなもん、つまらん」と言って何も語りません。作品の前で、誰もが自由です。形の奇跡にうたれ、「お前どうやって曲がったんか」と尋ね、木の言葉を聞こうとし、木の命をありありと感じ、自然の忘れていた感触を思い出したりもする。そこまでが作品です。

ふじいさんは奈良一刀彫の家に生まれ、木屑にまみれて育ちます。木彫の道に進みますが、木という素材に古臭さを感じて樹脂や金属など現代の素材に転じます。そこはしかし、自分の思い描いた通りにしかならない空しい世界だった。

今回、初めて聞く話がありました。行き迷った三十代初め、あてもなく汽車に乗って初冬の信州に行った。松本から木曽に向かい、夜の山中で道に迷った。冷え切った体で太い檜の幹に抱きつくと、温かかった。

起きろ、という母の声を聞いたようだった。気がつくと夜が明け、自分は木に抱きついたまま生きていた。真っすぐ仕事場に帰り、使っていた素材をすべて処分して、木だけでやっていく決心をした――。人間を生かし、人間を救い、常に人間とともにあったものを彼は選んだ。それは自分が最もなじんだ、最も近しいものだった。新たな可能性と、深い安らぎをもたらすものは、すぐ傍らにあったのです。

「欧米人にとって木はただの物体。私にとっては生きもの」「木も呼吸し、水を飲みます。泣きもします」

その多彩な巨木たちは、彫刻としての緊張を保ちつつ、うずくまり、伸びをし、寝そべり、全身で自らを表現します。木をおそれ、木の性質を知り尽くした人のみに許される演出です。

何ごとも戦略的でこざかしい現代を一気に突きぬけ、野太い生命の形に迫る「ただごとではない」（円空賞図録）世界です。

（6・28）

「公」が崩壊している

日本近代の油彩画家にとって描くとは、異質の風土に育った物質的にも空間的にも異質な素材をどう扱い、折りあっていくかという、成算のない闘いでもありました。

戦後まもないころ、画家野口弥太郎は友人の大久保泰《たい》(画家・美術評論家)との対話のなかで、その苦悩を語っています。かつて滞欧時代の野口は、濃厚な油彩の材質感の内に情熱のこもった絵を描いていました。帰国後は次第に薄塗りになり、流暢さが加わっていきます。大久保はその物足りなさを突き、以前の作品にあった「厚み」への愛着を語ります。

それは日本の自然が薄っぺらだからだ、と野口は答えます。絵に関係の深い陰と日なたも、家も、そのなかに住む人間の精神、思想も、へなへなで、強く表現する何物もない、と述べ、なお畳みかけます。

「総てがやくざで――大衆の卑屈な服従、公徳心の欠如、無節操な文化におんちな役人、ただ衰弱して苛々した神経、分裂してばらばらになった感情」と並べ立て、こんな風土で「厚い」絵を描くのは偽りでしかない、と反撃したのです。これは写実の立場からの一見識です。

彼は銀行家の父親に早くから画室を与えられ、恵まれた滞欧生活を送って帰国後は好意的に画壇に迎えられます。一見順風の生涯を送った、知識人です。その人にして、自分の絵画と日本の現実の間で引き裂かれ、内には荒涼とした風が吹いていたということです。


野口が見ていた人間の風景は敗戦直後の混乱期のものというより、もっと歴史的な時間も含めたこの国の「変わらぬ」部分でしょう。風景の表層ではない、人間一人一人の心理の状況に立ち入って彼は観察しています。

彼の言葉をあえて読み替えてみます。問題にきちんと向きあうことをせず、お上と他人の意向ばかり気にして長いものに巻かれ、「公《おおやけ》」の意識に乏しく、自己利益しか頭にない、大人の振る舞いのできない——うらむ、何とも真っ当な観察眼です。「無節操な文化におんちな役人」はいささか不明確ですが、地位に安んじる文化音痴の公人の無節操で野蛮で傲慢な態度を言っているようです。

目を現代に転じてみればどうか。今年も、公人の言葉や振る舞いをめぐる大騒動が続きました。環境大臣の失言、都議会議員の暴言、県議会議員の号泣、と数えながら、激しい無力感に襲われます。公人問題は去年も相次ぎました。その前の年も続きました。その前の年も、その前も——だからです。

再発防止に努めよう、というような当事者たちの申し合わせは取り繕いであり、いずれ忘れられて何も変わらないだろうことを多くの人が知っているからです。問題はもっと根源的なところにあることに気づいているからです。

たとえば都議会における あの性差別的な野次は、重大な人権問題であると同時に、「公」というものが崩壊してしまっている風景でもありました。野次に悪乗りした者、知らぬふりを決めこんだ者、幕引きを急がせた者、いずれも公人意識のかけらすら感じられません。その昔、当方も地方議会の取材をさんざんやりましたが、この都議会の方がよほど程度が悪い。

的を射た語釈で知られる新明解国語辞典によれば、公人とは「公職に在るという立場で、その行動が問題とされる人」のことです。常に人目にさらされ、「問題とされる」のです。強い精神力と使命感が求められる。覚悟が要るということです。

もう一つ。「公」の場では言っていいことと悪いことの別がある。偏見や差別につながるものが許されないのは、当たり前の話です。そういう、必要な建前を貫くのが公人の、むしろすべての大人の責務でしょう。頻発する公人あるいは社会的地位の高い人々の問題に共通するのは、事件を起こした当事者たちの「幼稚さ」ということです。「誰が言ったんだ」「早く名乗り出ろよ」「ぼく知らないよ」というやりとりは、まさに子供の間のもめごとです。

八年前に哲学者鷲田清一《きよかず》さんが本紙に寄稿した「現代おとな考」は、冒頭「わたしたちの生きているこの社会は成熟した社会なのか、それともただの幼稚な社会なのか」と提起して少なからぬ衝撃を与えました。責任のある人の幼稚なふるまいが通る社会は、皮肉にも成熟した社会なのかもしれない――と鷲田さんは続けています。洞察の深さに身が震えます。

現代の価値観に従って、多くの人は自分の権利と利益の追求だけで育ってきました。問題に率直に向きあい、あるいは他を思いやり、人にゆずり、時に自分の利を棚上げするような潔さ、つまり大人の流儀を、学んでこなかった。

公人問題というのは、一人一人の大人にとって、ひとごとではないのです。

（7・26）

無垢の魂が教えるもの

酷暑のさなか、東京上野公園は美術館巡りの人々で真面目なにぎわいを見せていました。年相応にくたびれてきた身としては昼寝でもしていたい夏の午後ですが、そうも言っていられません。ぜひとも見ておきたい展覧会がありました。公園内の東京都美術館で開かれている「楽園としての芸術」展です。珍しく人様にも勧めたい展覧会です。作品に直面し、自分の目で確かめて、人間に秘められた力というものに思いを致していただきたい。

押しつけがましい物言いは承知です。これを見逃すのは惜しいというお節介です。もしかしたら、ここに並ぶ作品の力に打たれて世界の見え方が変わってしまう人がいるかもしれない。創造行為とは人間にとって何なのか、表現とは本来どういうものだったのかを、問い直さずにはいられない人が出てくるかもしれない。

少なくとも当方にとっては、これまでのどんな美術取材とも異なる、ものごとの根源に触れる感覚にみちた経験だったと申しておきます。

展覧会に並ぶのは、鹿児島の知的障害者援護施設「しょうぶ学園」と、三重と東京でダウン症の人々が活動する「アトリエ・エレマン・プレザン」から生まれた絵画や立体作品です。特に後者については、以前、作家の高橋源一郎さんがラジオ番組で紹介しているのをたまたま聴いて以来、少なからぬ興味を抱いていました。

たとえば、会場に入って真っすぐ吸い寄せられたエレマン・プレザンの岡田伸次さん作品の数々。赤、青、黄など原色の色面が、思い切りのいい筆触のうちに激しくまた緩やかに組みあい、動き、驚くほど深々とした空間を生んでいます。

画面の深みと輝きは、隣りあう色と色のせめぎあいから生まれます。その対比は計算されたものではない。作家の内からわき出すまま、瞬間的に決定されていく。描く行為が生命のはたらきであることが、一見して感じとれる絵画です。

これは他の出品者（みな、すごい）にも共通する特質です。彼らはアトリエに来ると談笑しながら紙に向かい、筆をとってためらいもなく描いていく。速さはそれぞれ違いますが、描く過程で次々に道を見いだし、絶妙のバランスに達する一点で「できた」と告げるのです。

目の前には、鮮烈な色と躍動する形がひしめく、浮き立つような画面が出現しています。それは抽象でも具象でもない、見えないけれど確かに存在していた彼らの心の風景があらわれたとしか言いようのない、新しい表現の世界です。

ためらいもなく集中して描けるのは、ひたすら自身のリズムと呼吸に従っているからです。そこには他者との比較はない。競争もない。影響も模倣も主義も主張も戦略もない。アトリエには嫉妬もいじめもない。つまり「通常の」美術の世界にある一切がなく、そこではもはや廃れた、生命の原点からの創造行為だけがある。

エレマン・プレザンは、二十四年前に画家の佐藤肇・敬子さん夫妻が志摩半島の町で始め、娘の佐藤よし子・佐久間寛厚さん夫妻が東京の教室を主宰します。ダウン症児のもつ「やわらかい空気感」に打たれ、自然と調和するその能力を知ったことが、きっかけだったといいます。当方も、縁あってダウン症児の日常にかかわるようになって何年かになります。彼らは「無垢の魂」の持ち主です。温和で人なつこい。争いを好まない。決して人を害することがない。周囲を和ませる力がある。人の心の動きを察知する高度な感覚をもっている。

むろんその繊細さゆえに、心身のバランスを崩しやすい現実もあります。エレマン・プレザンのアトリエでは、絵の指導を一切しません。絵は教えこむものではない、「引き出すもの」（佐藤肇氏）だからです。生徒たちの心身の状態に細心の注意を払い、安心して制作できる環境を整えます。よりよく「彼らの感受性を呼びさます」ことに、集中するのです。

ダウン症児の平和なたたずまいを見ながら考えます。自分を健康で知的だと思っている世の多くの人々が失った心、忘れ去った感情を、豊かに持ちあわせているのがダウン症の人々です。そういう純粋な存在が古来、東西を問わず一定の比率で生まれてきているのは、人間の思い上がりを戒める天の配剤に相違ないと。その摂理に手をつけようとしているのが現代人であることは、知っておくべきでしょう。

いわゆる障害者アートには、強迫観念や攻撃性をあらわすものもありますが、この会場は奇跡のように明るく、穏やかで、自由です。展覧会を企画した学芸員の中原淳行さんは「奇跡は決して特別なものではないと思いたい」と言います。

むしろそれは我々の足下にある。うまく掘り起こせれば生きる糧となる。現代に調和と肯定の感覚をもたらす希望のアートがあることを、展覧会は示しているのです。（8・23）

命の側に立っているのか

広島市の土砂災害を報じる新聞の写真に目を奪われました。被災地域を上空から撮ったものです。上方に広がる山塊に向かって、下からせり上がるように住宅地が迫り、幾つもの谷筋に深く食いこんでいます。人的被害が集中した部分です。土質は花崗岩が風化して積もった「まさ土」で、もろく崩れやすかった。そういう地形、そういう土の上に、人間の命を包む器としての家が建てられ、増殖してきたわけです。

同じような土地は全国にあるといいます。狭い国土の七割は山地です。そもそも住むに適した地面に乏しい国で、通れそうもない所に道を通し、住めそうもない所にも住んできた。急斜面に田を作り、耕して天に至る風景をつくってきた。

自然が穏やかである限り、それらは国民の技術の高さと勤勉さを示す朗らかな風景ですが、自然が本来の凶暴さをあらわせばひとたまりもない。そのことは一人一人が承知しておく以外ありません。自分の住む土地の成り立ちと、そこに刻まれた災害の歴史を知って、わが身の守り方を考えるしかない。

先祖たちがそうした歴史上の事実を地名にとどめて警告してくれているのに、現代人はそれを忘れたがっている。もっぱら土地の価値をめぐる商業上また資産上の要請でしょう。

ならばそこは多くの情報をもつ行政が担うしかない。災害時のみならず、過去現在のあらゆる土地情報から危険を想定し、周知をはかり、開発規制や移転も含め対策をとるしかない。人の命の側に立つ崇高な使命が、やはり行政にはあると思うからです。

この夏、札幌の出版社から送られてきた『氷結の岩』（溝口徹著、響文社）という本に深い読後感を味わい、メモをとりながら再読しました。

一編を貫くのは、自然の本質的な凶暴さに人間の社会はどう対峙しうるか、という問いです。三年半前、日本人は、自然との向きあい方を根源から考え直さざるを得なくなる経験をしました。そのさらに十五年前の事故に取材した本書は、厳寒の北海道・積丹半島が舞台です。

一九九六年二月、国道229号の豊浜トンネルで岩盤が崩落し、通過中の路線バスと乗用車が巻きこまれて二十人が犠牲になります。平穏な日常が突然暗転し、岩盤を砕く困難な救出作業が七日続き、全員が遺体で見つかり、以後、行政の対応、提訴、遺族の闘い――と、時間軸に沿って話は進みます。

その軸へ、被害者の家族、行政側の人間、業者、報道人など多様な関係者のそれぞれの立場における行動と心理の細部がからんで、実に彫りの深い人間空間が造形されています。

著者は地元紙の社会部員として事故にかかわり、その余波、社会的影響に至るまでを長く追い続けた新聞記者です。行き届いた取材と、正確で簡潔な文章が——つまり記者として積んだ訓練の成果が、この「事実に基づくフィクション」の一種端正なたたずまいになっています。


著者とおぼしき若い記者は、被害者の家族を熱心に取材して回り、平和な日常を突然奪われた怒りや絶望をわが身に添わせて考えます。一方で、海岸の断崖絶壁に掘られたトンネルそのものに疑問を抱き、その成り立ちを調べます。陸の孤島と呼ばれた積丹半島北岸の人々にとって、小樽方面へ通じる道路は長年の悲願だった。戦後、十年がかりの難工事で海沿いに道路がつくられ、豊浜トンネルの完成で難所も解消されたはずだった。

現場に立った記者は「よくぞこんな場所にトンネルを掘ったものだ。本来人間が立ってはいけない、自然に任せておくべき場所ではないのか」と考えます。畏れを知る者の感想です。

のち遺族による国家賠償訴訟の準備段階で、地質のもろさや落石の危険がトンネル施工時に指摘されていたことが明らかになります。完成後わずか十二年でトンネルは落ちた。設計にも日常の管理にも問題があった。人災というわけです。

一方、行政側は一貫して「想定外」を主張し続けます。崩落三日目に現地入りした大臣は、「よくぞこんな所に道路を造ったものだ」と驚きつつ、部下には「マスコミや家族には謝罪するな」と命じ、記者の質問には「過去に例をみない大変な天災」と強調します。

自分の側の利は絶対に守る官の論理が、むき出しの岩のように立ちはだかります。民にとっての現実です。官も民も、しょせんは災害列島の運命共同体でしかないのに、守るべき何の利があるのかと思います。

縦横に動き回って、官僚主義に怒り、悩み、時に涙し、「自分は草の根で懸命に生きる人々の声を拾っていこう。そうでなければ本当のことは見えてこない」と決意する若い記者の存在は、この物語の救いです。

著者は転職して今は読売新聞の地方支局デスクであることを知りました。二十年若い後輩に、たくさんヒントをもらいました。

（9・27）

地域を照らすかがり火

一年前のこの欄で、俳人の齋藤愼爾さんが営む深夜叢書社の出版事業が、五十年を迎えた話を書きました。

売れようが売れまいが出したい本を出してきた。採算を度外視し、私費をつぎこみ、無名の新人であれ、出すべきものを出してきた。世にまれな出版人です。戦後の日本人を呪縛してきた「もうける」という唯一価値に逆らって、もうけなくても立派な仕事を残せることを身をもって示してきた。記事には多くの反響がありました。

実はもう一人、出版における常識破りを敢行してきた人がいることを、最近知りました。哲学者内山節さんの著作集刊行を記念して編まれた新刊『哲学者　内山節の世界』（新評論）のページを繰るうちに、編者の書いたあとがきの文章が目に飛びこんできたのです。

その人、菅原歓一さんは二十七年続く隔月刊の地域づくり情報誌「かがり火」――「地域社会に生きる無名人」を取り上げる雑誌――の発行人です。「雑誌というのは、人気者やヒーローやオピニオンリーダーを紹介するもの。どこの誰ともわからぬ人の言説に読者は興味も関心も示さない」と彼自身が言う通り、雑誌の常識に正面から逆らう行き方です。

なぜ無名人か。あとがきの文章は、そこを語っていました。長い紹介になりますが、あえてじっくりたどってみます。

菅原さんは言います。日本はあまりにも有名人が威張っている国、有名になった者が勝ちの社会になってしまった。政治家、学者、作家、芸能人、誰もが有名になりたがり、名前を売りこむことに汲々としている。

「有名になってしまえば、芸のないタレントでもお座敷がかかる。学識の深くなさそうな学者でも講演会の依頼が入る。才能の豊かとも思えぬ作家の二番煎じの本でも売れる」

テレビに取り上げられれば、人も集まる、お金も入る。かくして誰もが、売れるかどうかを真っ先に考えるようになった。「その結果、いいものが売れるのではなく、売れたものがいいものだという転倒した価値観が定着してしまった。この考えが日本の社会を汚染した」

だが、社会を支えているのはこんな人たちではない。「売れる売れないにかかわらず黙々と自分の役割を果たしている人が世の中にはいる。話題になることなど眼中になく、こつこつ努力を続けている人がいる」

彼らは自分の功績を誇示しないから、顕彰されることも、マスメディアに取り上げられることもない。「しかしこのような人々によって社会は支えられているのではないか」――と。自分の商品価値を高めることに執念を燃やす社会表層の人々の空疎な内実と、メディアの怠慢を、見事に突いていて立ちすくむ思いを禁じ得ません。

主婦と生活社を振り出しに、長い編集者歴をもつ菅原さんが「かがり火」を創刊したきっかけの一つは、一九八六年の大島三原山の噴火でした。

溶岩流が迫る中、島民の避難を中継していたテレビが信じ難い光景を映し出します。警戒の目を逃れて避難船を降り、自宅に戻ろうとした老人が何人もいたのです。墓があるから、家畜を置いてきたから、というその言葉に彼は衝撃を受けます。

老人たちの心が分からない。だが何かがそこにある。それは何だ、という問いが、地域社会に生きる普通の人々の心の探究へ向かわせたとも言えます。

のちに内山節さんの著作を読み「魂が帰りたがっている場所」という言葉に出会って、老人が命の危険を顧みず家に帰ろうとした理由が、分かったような気がしたといいます。魂が帰りたがっている、安寧の場というものがある。それはお金よりも、時には自分の命よりも大切でいとおしいものだ、ということです。

「日本人は豊かになっても落ち着かず、上の空で暮らしているように見える。それは魂の帰りたがっている場所を捨ててしまったからではないか」という疑問が菅原さんにはあります。

雑誌は全国から募った二百六十人の「かがり火支局長」の通信網と、発行人自らの現地取材で地域の多様な現在を描きだし読者に直接届けます。最近号には「人口の減少しないまちづくり」「小さな町を持続させるための早川町の挑戦」「自治体消滅どころか、田園回帰の時代です」など、人口減を見据える地域の人々の生の声と創見があふれています。

こうした雑誌の経営が、楽なはずがない。五年前には一度休刊に追いこまれ、読者のカンパと、山村経験豊かな内山さんの編集長就任で、半年後によみがえった歴史もあります。

菅原さん自身も秋田の生まれ育ちです。「経済原則からいえば、とうに退場している雑誌を、地域の魅力と、瘦せ我慢で続けてきました」。

「地方」を語るならこの誌面ぐらいは目を通しておけと言いたい雑誌です。

（10・25）

帰る場所としての風景

先月紹介した地域づくり情報誌「かがり火」の編集部に新規購読の申し込みが相次いだという報告を、発行人の菅原歓一さんからいただきました。地域情報の発信という地道な仕事に徹する雑誌の存在を知って行動を起こしてくださった方々に、敬意を表します。

テレビや新聞が報じる地域の話題には、「かがり火」が最初に取り上げて問題を掘り下げたものが、実は少なくありません。それだけ鮮度の高い、自前の情報を扱う媒体なのです。

目を覚まされる思いがしたのは、「かがり火」編集人でもある哲学者内山節さんの「魂が帰りたがっている場所」という言葉でした。以前から読んできたのに素通りしていました。東京に生まれ育った内山さんは二十代から釣り人として群馬県上野村に通い、今は双方の住まいを往復しながら暮らしています。里をもたない自分の魂はいつも村に帰りたがっている、と気づいたとき、上野村が自分の村であり「里」であると感じるようになったといいます。

二十世紀は狭い世界で生きることを恥と感じる時代だった。多くの人が村や町を捨てて都市に出た。それは自分の帰る等身大の世界を捨てることだった。語り継がれた過去を捨てることでもあった――。そうした歴史性を断たれた、漂流民として生きるしかない世界、風景も行きずりのものでしかない世界で、近代が目ざした人間の解放と自由を手にすることはできたのか――という根源的な問いかけが、内山さんの言説の底にはあります。

世界に普遍性を求めるのではなく、近代化、都市化の過程で貶められてきた「ローカルな世界」の価値を見直すこと。その意味を、たとえば『「里」という思想』（新潮選書）は、さまざまな観点から語りつくして世界観の改変を促します。

そこで語られる里とは、過去の自然や人間の営みが見える場所であり、人間が長い時間の蓄積に支えられて生きていることを感じとれる世界です。人の奥底にある深い記憶が静かに開かれていく世界であり、それゆえ自分が帰って行きたい場所、自分の存在の確かさが見いだせるほどよいサイズの場所でもあります。

その意味では地域情報誌「かがり火」もまた、一貫して里のありかを探り続けてきたメディアと言えるかもしれません。

思い当たることがあって、新潟へ向かいました。新発田市の蕗谷虹児記念館で開かれている佐藤哲三（一九一〇―五四）の晩年の油彩風景展を見るためです。

早くから画才を示し、梅原龍三郎に「ただ一人、断然たる興味を私に持たせた青年」と言わせた佐藤は、しかし東京に出ることなく、北蒲原の里に生きて人と風景を描き続けます。土地の思索を紡いだのです。

学生だった四十五年前の冬、銀座の現代画廊で初めて開かれた没後十五年佐藤哲三遺作展を見て以来、この人の描く風景に深くとらわれてきました。それは、荒涼とした空間を好む自分の癖《へき》のようなものだと思っていた。

今回は晩年の風景十二点をじっくり見せる試みです。茫漠とした大地にみぞれが降り、雪が舞い、風景の底を人の影がよぎります。季節は移り、残雪の上に雲間から差しこむ光があります。やがて白雲がうねり風が吹き渡る一面の緑野となります。家路を急ぐ人々の影が金色に輝く夕暮れがあります。黒雲の乱れる空の下、ハザ木に掛かる稲束が黄色に染まっています。

そのように人の営みが自然と一体化していた空間、時間が降りつもって歴史となっていた空間を、佐藤は描いた。郷里を出て中央に参じた画家たちは、パリを望見しつつ新奇で表面的な様式を競っていました。それも結構ですが身につくものとも思えません。土地に生きる者にしか描けなかった佐藤の自然と人間と農の風景こそ、近代の豊かな実りです。

とりわけ『みぞれ』と題する大作は、目が大地を這い、空を覆うほの暗い赤と灰褐色の雲が田の面に映りこんで鈍く輝く、ものすさまじくも美しい画面、近代が生んだ風景画の最高峰です。

展覧会を企画した元新潟県立近代美術館学芸課長の小見秀男さんが、佐藤の書き残した言葉を教えてくれました。「命絶えれば、自分は、何処にゆくのだろう。おお、この大地に還元するのであろうか」。病弱だった佐藤の命は尽きようとしていましたが、身を横たえる場所のある安らぎと喜びが『五月風景』などの作品からは確かに伝わってきます。

展覧会の帰り、広大な蒲原平野の一角に立ちました。曇りの予報でしたが、急に冷えこんだようで、雨が降り出しました。と思う間に、黒い雲の間から光が差して海の方から明るんできます。劇的な展開です。

「佐藤さんの絵のようですね」と、案内してくれた市観光振興課の山口恵子課長がつぶやきました。土地に生きてきた方が佐藤哲三を「発見」した瞬間です。

（11・21）

宇宙を缶詰にした男

亡くなった人の記憶は、年を越せば「去年」の区分に繰り入れられて、少し遠のきます。それが切なくて、年末、しきりに死者のことが思われるのかもしれません。

二か月前に赤瀬川原平さんが逝きました。享年七十七。

現代の不思議な存在でした。一言では説明がつきません。数ある著書の略歴にも「全貌を把握するのはむずかしい」「あえて言えば職業は〈赤瀬川原平〉」などと書いてある。端倪《たんげい》すべからざる、という日本語がありますが、それに近いようです。

彼は画家でした。半世紀前の前衛芸術家でもあった。漫画、イラスト、レタリングの名手、宮武外骨研究家、芥川賞作家、路上観察学会長老、元祖老人力、中古カメラ界の重鎮、ライカ同盟構成員、日本美術応援団初代団員、優柔不断術の使い手と、もう何が何だか……。

といって、ただ「多才」というのとも、マルチ人間などというものとも違います。手がけたこと、関わったことのすべてを貫く「全体性」があった。どの一つをとっても、彼の本体そのものなのです。

よく知られているのは「老人力」という言葉でしょう。どちらかといえば負のイメージの強い言葉に「力」をくっつけて、一気に正の側へ反転させてしまった。もとは路上観察の仲間が赤瀬川さんの内に発見した力ですが、面白がって本に書き世に広めたのは、本人です。

人々が避けてきたものの中にひそむ未知の力を、取り出してみせた。ほとんどヤケクソみたいな言葉ですが、そこに何とも言えぬおかしみがあって、世の中を少し明るく、楽にしてくれたことは確かです。


反転させる。ひっくり返す。つまり、世の大勢や常識とは逆方向に想像力を働かせる——。それは遠い前衛時代からの赤瀬川さんの流儀、というより、彼を含む五、六〇年代美術前衛の主要な表現手法でした。その中で「彼は日常的な常識を反転させることばかり考えていましたね」と回想するのは、同じ前衛として出発し、長い交友のあった画家谷川晃一さんです。

そのころの最も明快かつ鮮烈な作品に『宇宙の罐詰』(一九六四年)があります。三十何年も前に初めて取材した時に、最初に聞いたのがその話でした。日常にあるもの——ラジオ、扇風機、椅子、カーペットなどを次々に梱包し、機能を遮断することでオブジェとしての際立った存在感を表現していた赤瀬川さんは、最後は宇宙を梱包するしかないと考えます。

カニ缶を買ってきます。缶切りで蓋をあけ、中身を平らげ、中を洗います。しかるのちラベルを剝がし、缶の内側にきれいに貼り直す。蓋を戻し、ハンダづけして終了です。

これは不思議、缶の内と外が反転しています。我々のいる外の世界は缶の内部になり、缶の外側つまり無限の宇宙はハンダづけした物体の内側に閉じこめられてしまった。不思議というよりも論理的思考の世界です。この缶カラは、凝縮された小空間に宇宙を表現する本邦造形の一つの流れにも通じています。最先端をひょいと反転させたら、伝統の世界——だったのです。

忘れてならないのは、「赤瀬川の世界は、単独ではなく、六〇年代の多様な人々との共振や乱反射から生まれていった」（谷川氏）ということです。世に知られる模型千円札をめぐる裁判や、東京をかき混ぜて歩いた前衛仲間との行動の軌跡は、巡回中の「赤瀬川原平の芸術原論展」（千葉市美術館、大分市美術館、広島市現代美術館）で目のあたりにできます。

ものを書く仕事でも、常に作動していたのは逆方向への想像力です。かつて作家の高橋源一郎さんは、書くとは「あったかもしれないしなかったかもしれないようなことを、あったと強弁すること」という名言を吐きました。赤瀬川さんは、書くという行為が本来的にもってしまう「うそ臭さ」を嗅ぎわける術の使い手でした。

断定や言い切りの内にある書き手の快感や自己誇示とは無縁に、自分の言おうとすることに探りを入れ、少し進み、言いよどみ、身をずらし、反転し、脇から眺め、その過程を逐一書くことで、いつの間にか肝心なことを言ってしまっている。

それは一面、理屈をこねることでもありますが、そのこね方が一級品の芸になっていて、笑わせてくれた。脱力感といわれたものも、その副産物です。

いわば本音のつぶやきを文体化したもの。誰も真似ができない、真似たらそれこそうそ臭いという意味で、独創的な文章家でした。

その全仕事を積み上げれば大変な高さになるはずですが、彼は決して自らは高所に立たず、人を支配せず、どこまでも好奇心にみちた一人の探求者として地表付近で生きていました。

人に愛されたのも、穏やかな口調と柔らかな声がやたら懐かしいのも、そのせいです。

（12・27）

二〇一五年

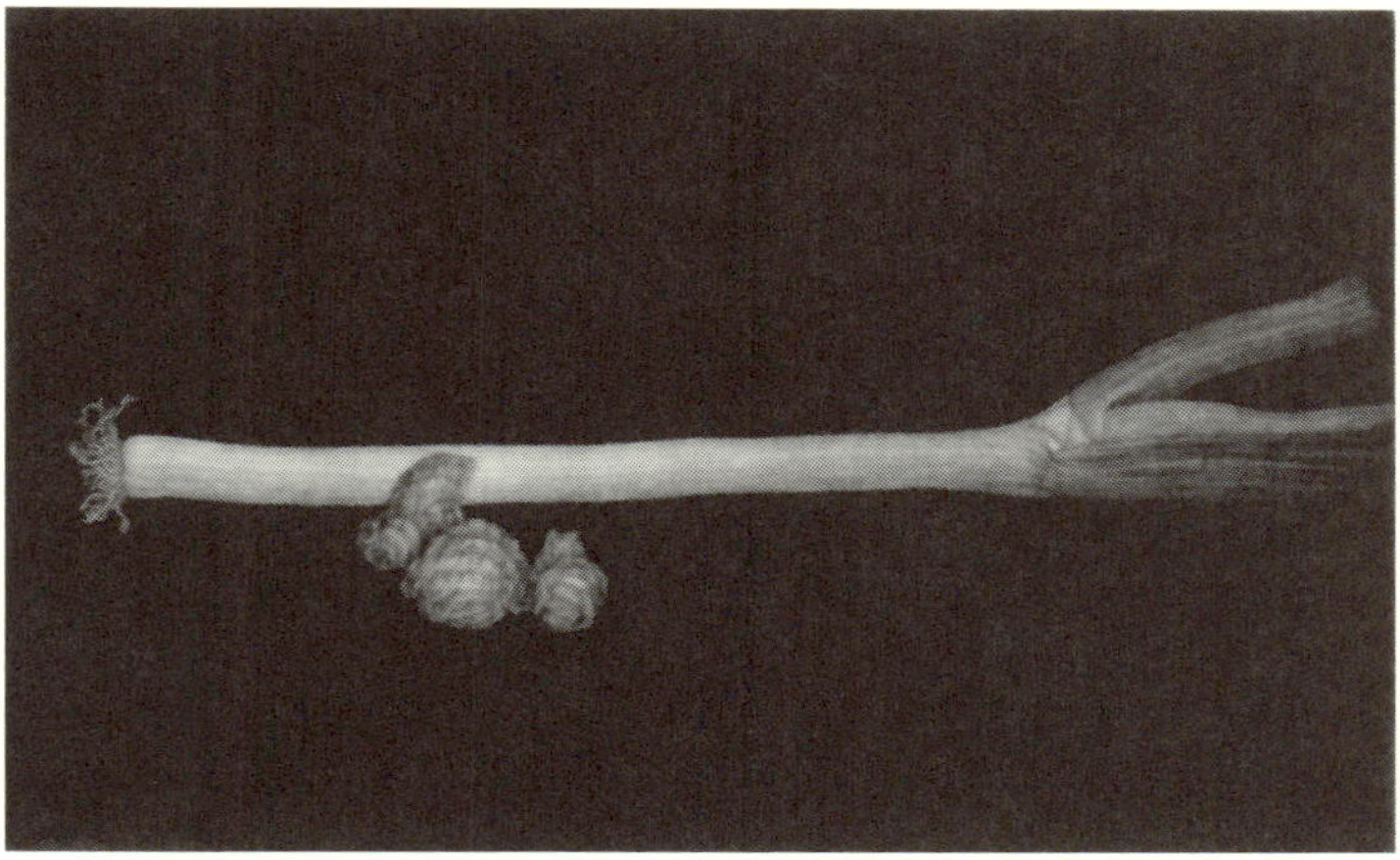

〈ねぎとひねしょうが〉

「無神経な時代」の観察者

新聞を開いて、真っすぐ目が吸い寄せられた先に一つの訃報がありました。瞬間、「しまった」と、声が出ました。二か月前のことです。香原志勢《ゆきなり》さんという著名な人類学者の訃でした。享年八十六。人類学者、というよりは人類生物学者、というよりは人間行動学者、というよりは無類の人間観察家、と呼びたい人です。

この先生に話を聞きに行かなければと思っていました。本紙の書評委員だった三十数年前に担当として接して以来、気っ風のよさと、痛快な著書の数々を通して、人の見方を教えられてきました。最近の人間の振る舞いについての観察と見立てを、聞いておきたかったのです。

人類を生物として見る概念がまだ熟していない時期に『人類生物学入門』『人体に秘められた動物』などの本を書き、生物界における人間の顔の特異性に着目して、類のない『顔の本』も書いています。日本顔学会の初代会長も務めました。

『顔の本』をめくると、いきなり「美男美女は不幸である」などと書いてある。他の本でも

「人間の体は走ることには適していない」「おのが邪魔たるを知りうる者は幸いである」など、人間にとっての「本当」が皮肉もこめて語られ、目の覚める思いをさせられてきました。

「趣味は人間観察」と自ら言っていたように、人間という文化をもつ動物への尽きることのない興味、烈々たる好奇心が、この人間味豊かな人類学者の原動力だったことは確かです。

人間をよく見ていなければ書けない多くの著作のなかで、当方がとりわけ強く共感し大学の授業でも長く使わせてもらってきたのが、『動作——都市空間の行動学』(講談社現代新書)でした。香原さんは、自分の住む東京のあらゆる場に——電車、繁華街、劇場、競技場、飲食店、病院、動物園、路上に——出没します。そこに身を置き、目撃した人間の行動を記録し集積し分析します。文化をもつ(はずの)動物の振る舞いで、現代の都市空間がどんな様相を呈しているかを描き出します。

体当たりの学問です。先生、車内暴力の被害者になったり、レストランで音立ててものを食う客に「生理学的嫌悪」を催したりします。車から投げ捨てられた空き缶を拾い、運転手野郎に「落ちましたよ」と手渡して怒鳴り返されたりします。

現代人のいまが最もよく現れているのは、通勤電車内の観察です。非接触性動物の人間が、互いに完全な他人と割り切って体を密着させあうあの痛ましい風景は、当事者には日常でも、外から見れば異常な事態です。

人々は苦悩を表すことをあきらめ、無言のうちに空間占有の戦略を開始している。周囲をうかがい、体を移動させたり向きを変えたりする。電車の進行方向に対し倒れにくい角度をとって立つ。面と向かって人と顔を合わせるのは避ける。大きな荷物は肩や背から下ろす――。

苦境のなかで、生物としてそれなりのバランス感覚を働かせながら、経験による一定の法則性を生んでいたのです。その下で、自分の快適は他人の快適にも通じていた。お互いさまだったということです。

それが崩れてきたことに気づいたのは一九七〇年ごろ、と香原さんは言っています。目の前に他人の顔が来ても何も感じない無神経の者が増えた。それは人の顔を顔と思わず、人を人と思わないからだ――。環境に適応し続けることで生物としての距離感を失い、人間の非動物化、非人間化が起きている。それも文明の一帰結であり、人間の所作、行動はそうして次々に新しい局面に入って行く――という先生の冷静な言葉の向こうに、嘆きと怒りが透けて見えます。

かつて香原さんと同じ私鉄で通勤していた当方、十年余りを都心で暮らした後、家の都合で再びその電車に乗るようになって驚きました。車内の様子が一変していたのです。見たところ、何ごともない。その平穏さのなかで、他人への無関心、無神経は、深く浸透して先生の言葉通りの新しい局面に突入していました。

徐々に進行していた事態が、スマホなる機器の普及で一挙に加速したようです。荷物をぶつけようが、人の邪魔になろうがおかまいなし。皆うつむいて自分の関心事に耽っています。何かに没入し、耽る表情とは、きわめてプライベートなものです。それを公衆の面前で一斉にやっている姿は、やはり異様です。香原さんのスマホ評を聞き逃したのが悔やまれます。

他者への想像力を欠いた振る舞いを、先生は「野暮」と呼びました。東京の街の、この野暮ったさは何か――と。『動作』の最後を締めくくるのも「今日の日本人は社会的行動に対してもう少し洗練されてよいと思う」という言葉です。

今となってはそれが先生の遺言のようにも聞こえます。

（1・24）

美術評論家と、社会性

その人の書くものには、時に威勢よく啖呵を切るようなおもむきがあって、つい聴き入ってしまうのが常でした。語るに際して、媚びず、へつらわず、思うところを真っすぐ口にする構えが身についていたのだと思います。

その分、あちこちで人とぶつかり、赴くところ論争絶えず。本人に聞いた話では、「表へ出ろ」の事態になりかけることもしばしばだったとか。五年前に八十四歳で世を去った針生《はりう》一郎という美術評論家です。美術の、評論家、というものが、今の社会で何ほどのものなのか、実のところよく分かりません。

彼自身は、敗戦後の廃墟にうごめく人間の「裸形の」生存風景を背に批評活動を始め、常に社会との関わりのかたちを探りながら、半世紀以上にわたり一線に立ち続けました。

「戦後とは、権力や権威からも、借りものの思想からも解放された、人間の原点を発見したところから始まったはずだ」という強烈な自覚が、彼にはありました。目を向けるべきは、既成の肩書も名声も離れた「裸形の」個としての作家の仕事だった。そうした孤独な営為に対する同時代の目の深まりを、信じようとしたのです。

そうでもなきゃ、何十年も美術批評を続ける気力なんて、とてもありませんでしたよ——。かつて昭和の美術を回顧する新聞連載を依頼した際の喫茶店での雑談で、彼は全身から煙を吐きながら目を細め、「馬賊ひげ」のなかに人なつこい笑いを浮かべて語りました。当方、煙にむせながら、反権威、反権力に徹してきた筋金入りの闘士の風貌を、そこに見ていた気がします。

その郷里仙台市の宮城県美術館で開催中の「針生一郎と戦後美術」展は、彼が取りあげた作家、紹介し論じた作品によって戦後美術の一水脈を照らし出す試みです。多くの著作を残した人ですが、これは彼によって書かれた作家たちによる、「針生一郎の遺作展」です。

彼の出発は文学でした。旧制高校時代、保田與重郎《やすだよじゅうろう》に傾倒し神道書を読んで国粋主義思想にはまります。敗戦の日の翌暁、暗かった仙台市街に解放を喜ぶように明かりがともっているのを見て、「この雑草のような民衆の生の意欲は、もうとどめられまい」と悟ります。

一面的価値観しかもたなかった青年にとって、敗戦は「自分の主観をこえた他者の存在の認識」であり、「さまざまの思想をいだく人間をのせながら、大きなうねりを描いて進む歴史の力学」への覚醒だった。他者に目ざめたのです。

東北大を出て上京し、東大大学院でドイツ文芸学、美学を学ぶかたわら、花田清輝や岡本太郎らの集まりを通して美術との関わりを深めていきます。こうした出発の仕方からくる人間への強い関心のあり方が、この人の場合、最後まで持続した。つまり初心を失わなかった。その意味で稀有の人であり、評論家としての独自の位置もそこにあります。

大評論家だったけれど名士然としたところがなかった。必要とあれば、いつでも、誰とでも喧嘩ができた。処世において潔癖だったということです。

展覧会は、彼が思想、表現に目ざめ、やがて戦後絵画に出会い、前衛芸術運動に加わり……という軌跡を、十二の章、二百六十点もの絵画、彫刻、立体、資料類でたどります。既成画壇のものはありません。

一人の評論家がこれほど多くの人と作品を呼び寄せる事態に驚きます。たとえば、ルポルタージュ絵画と呼ばれた新しい具象の試み。日本画絵の具の可能性を因襲から解き放とうとした「これが日本画だ！」展。あるいは、大阪万博を大資本と権力による国家戦略、文化支配とみて、真っ向から対決した「反博」運動。遠い昔の話というより、今もなお歴史の表層近くでうごめいているような生々しさを覚えます。

そうした「社会と人間」という視点は、実はしばしば批判にもさらされてきました。現代の批評は、作者や社会への視点を排して「作品の自立性」をあくまでも問う、純造形主義的な考え方が主流です。針生の関心は、作品そのものより人間や政治の方なんじゃないか、ともいわれた。

むろん作品自体がつまらなければ、どう作者や社会背景を論じようが意味はない。一方、人間の手になる作品から人間的社会的要素を完全に切り離すことができるのか、という疑問もある。造形とは、所詮、人間の成すことにすぎないからです。

外野席から見るかぎり、互いに否定しあっても実りはない。むしろ、両要素の匙加減をこそ、評論家にはつかさどってもらいたい。針生さんと六十年余の年月を「つかず離れず」同走してきた美術家の池田龍雄さんは言っています。「針生はきちんと作品を見ていました。その上での、芸術は人間の産物だということなんですよ」と。

（2・28）

本当のことを言おうか

文庫本で出たばかりの『谷川俊太郎詩集』のなかに、その衝撃的な一行を見いだしたのは、大学に入った年の暮れでした。その年、一九六八年の新作として収録された「鳥羽」と題する連作の第一作目、第二連の一行目です。

「本当の事を云おうか」。その一言に、全世界のざわめきが静まり、地上に生きるすべてが耳をそばだてます。そういう、詩の言葉です。詩は続きます。「詩人のふりはしてるが／私は詩人ではない」。その前、第一連は、こうでした。「何ひとつ書く事はない／私の肉体は陽にさらされている／私の妻は美しい／私の子供たちは健康だ」。詩の言葉というのは何と万能なのかと感じ入った記憶があります。

その一行は、少し前に読んだ『吉本隆明詩集』の一節「ぼくが真実を口にするとほとんど全世界を凍らせるだろうという妄想によって　ぼくは廃人であるそうだ」と響きあって、一つの了解を学生にもたらします。世界は本当のことを口にしないことによって成立している、という認識です。自分が正体不明の「嘘」に取り囲まれていることに気がついたのです。随分ひねた世界観ですが、大学が荒れた時代、既成の価値が次々に地にまみれていくなかで、信頼に値するものといえば自分には詩の言葉ぐらいしかなかったということです。

半世紀近い昔の話です。これらの詩の言葉は少しも鮮度が落ちていません。人間が変わりようもないから詩は永遠です。嘘の数、いかさまの量、何ひとつ変わっていません。

だからといって逆がいいということにはならないのが人間の世界です。誰もが本当のことを言いあう社会を想像してみればいい。恐ろしい。世界は凍りっ放しです。生きてはいけません。

面白い展覧会を見ました。千葉県佐倉市の国立歴史民俗博物館で開催中の、その名も「大ニセモノ博覧会」です。「本当」を装い、せっせとニセモノを作って人をだましてきた人間の歴史です。あっと驚くような歴史的まがいものの大集合です。

そこに「価値あるニセモノ」という視点が提示されていて、不意をつかれました。たとえば、地方の旧家に伝わる書画というものがあります。兵庫のある地主は、江戸初期から材木問屋、のち造り酒屋を営み、明治以降は県会議員も出している家です。日常的に人の出入りがある。旅の文人墨客が招かれることもある。

季節や客にあわせ、宴席には美術品が飾られます。座敷には屏風。床の間には掛け軸。「家がもつ書画骨董でどのように演出するかが、主人の力量。場を作りあげ、客に見栄を張り、〈家の格〉を自慢する必要があった」と、歴博の西谷大教授は解説します。「そのためには、ニセモノでも名の通った美術品が必要だった」と。

この家には池大雅、田能村竹田、酒井抱一ら著名な作家のものを中心に多彩な書画が所蔵されています。他にも、谷文晁や雪舟を伝える千葉の某家、雪舟画や吉田松陰の書がある山口の某々家など、家格や土地柄をあらわす書画が自慢です。

真筆もある。しかし到底本物とは言えぬものも少なくない。だまされたのか、承知の上だったのかは不明ですが、地域社会での役割を演じるためにニセモノが立派に活躍していた。つまらぬ本物より価値のあるニセモノがあったというわけです。

自分より価値あるニセモノがあるとなれば、本物も立つ瀬がありません。展覧会場でも紹介されている七十年前のファン・メーヘレン事件は、フェルメールの贋作を描いてきた超一流の腕前の男がナチス幹部の目を欺いて、価値あるニセモノの作者として英雄になった話です。

男を「堂々たる贋作者」と呼んだのは小林秀雄です。小林はかつて鎌倉の近代美術館で開かれた「ほんもの・にせもの展」を見て、一番よかったのは休憩室にあったドガの上出来の複製画だったと言っています。

本物とニセモノ、それに伴う善悪の問題は一筋縄では行きません。単純に線引きできるものでもない、微妙で相対的なもの。それぞれの欲望や野心や見栄や煩悩の量によって真贋を決する価値観は人間の側にある、ということかもしれません。

ぼんやりテレビ画面に目をやりながら、人間の真贋ということを考えます。画面は自分の売りこみに余念のない人間、自分の商品価値を高めたい人間でいっぱいです。

本物は黙っていても本物ですから、そういうことをする必要がない。どこか片隅で、自分のなすべきことをなしてひっそり生きている。たとえば昨年紹介した地域情報誌「かがり火」に出てくる、普通の、無名の人。特権とは無縁に、己のなすことに打ちこむ彼らのような存在こそ、本物と呼ぶにふさわしい気がします。

（3・28）

無心の自分がいた

父親の遺品を整理していた兄が、「こんなものが出てきた」と言って広げてみせたのは、赤茶けて四隅がぼろぼろになった藁半紙の束でした。六十年前、当方が小学校一年の時に描いたクレヨン画の綴りです。こんなものが、いつ父親の持ち物に紛れこんだのか。「捨てられなかったんだな」という兄の言葉にいささかの実感がありました。

昔の信州人の一典型、性狷介にして不服従、銀行の地方支店時代には、今で言うパワハラ上司を正面から批判し追及して、冷や飯を食ったこともある。自分を語る趣味を持ちませんでしたが、立ち回りをする人間を軽蔑していたのは確かです。

「あれはなかなか良かったなあ」「骨のある男だった」と、今も兄弟で「支店事件」を話題にすることがあります。この画帳から一年後に起きた事件でした。

話が逸れました。それにしても不思議な遺物です。今の今まで完全に忘れていたもの。自分にとってはもはや存在していなかったもの。再び思い出すことはあり得なかったもの。それが、こうして目にしてみると心当たりがある。知っている。たとえば、傾いた地平に小さい家とそれより大きな人間が描かれた拙い線描が、今も手先の感覚に残る。とうの昔にこの世から消えたはずの記憶の痕跡に、出会ったのです。

人間は生の途上で経験したことを次々に忘れることで、どうにか生きていられる、と思っていました。しかし記憶は、ふとしたきっかけでありありとよみがってくる。埋もれたままの断片も、堆積層のどこかで生きていて、例えれば音楽の倍音成分のように記憶の全体に豊かな響きと音色を与えているのかもしれない——などと思ってみます。

二年前のこの欄で、信州伊那谷の小学校教師熊谷元一のことを書きました。昭和二十八年四月に会地村（現・阿智村）の小学校に入学した六十余人の子供たちの一年を得意のカメラで丹念に追い、岩波写真文庫の一冊『一年生』として世におくった先生です。

ありそうで無い記憶、空前にして絶後のその一冊を、昭和三十年代にかけて二百八十六冊刊行されたこの文庫のベストワンに推したのは、昨年亡くなった赤瀬川原平さんでした。当方が昭和三十年四月に小学校に入った時、父親の書棚に真あたらしいその一冊があったのを、これは鮮明に覚えています。

熊谷の写真は、季節のめぐりとともに展開する学校生活、日常生活のあらゆる細部に及びます。どんな撮り方をしたのか、子供らは全くカメラを意識しない自然体で写っています。日本が高度成長を始める前夜の質実な農村の生の現実が、一切の夾雑物なしに伝わってきます。

この写真集に「黒板絵」という一章があります。子供らが休み時間に白墨で描いた黒板上の落書きですが、実はこの黒板絵を熊谷は彼らが三年生になるまで撮り続け、数百という数の記録を残していました。授業の合間のわずかな時間、黒板上にあらわれ、始業の鐘とともにたちまち消されて痕跡すら世に残らぬもの。宿命的に、束の間の幻影でしかないもの。それをこの先生は面白がった。自由に描いていい、と教師の聖域を開放し、作者の名前と日付を入れてフィルム上に捕えていったのです。


六十余年を経て、その記録が写真集『黒板絵は残った』（D文学研究会）として世に出ることになりました。熊谷は自分が撮った教え子たちと終生の交わりを結び、彼らの五十歳、還暦などの節目に一人一人を訪ねては新たに撮り足しています。独創的で頑固で優しい信州教師でした。教師の傍ら写真家、童画家として多くの著作を残した人ですが、黒板絵だけは未刊のまま、五年前に百一歳で世を去っています。

編集作業を託され、大量のネガを預かった教え子の下原敏彦さん（日本大学芸術学部講師）は、「無心の自分に会えたということです」と言います。紙も筆記具も満足になかった時代、子供は地面に棒切れで絵を描いて遊んだ。教室にある、このすばらしい平らな広がりを自由に使わせたら子供らはどうするか。そんな興味も先生にはあっただろう——。

夢中で黒板にとりついた。時間がきたら消す。うまく描けても消す。それでもいい。とにかく描く。描きたいから描く。それだけのことだった——。はたらく人、どうぶつえん、てんぐの怪獣、よしだしげるの顔——手はどんどん動いて、夢や空想も広がっていった——。

構想は描く先から生まれていきました。つまり無心、無意識の世界です。いわゆる黒板アートとは全く別ものです。やがて人に見せる意識が生まれ、上手下手の別もはっきりして、無心は無心でなくなり、黒板絵は終わりに近づいていったのです。（4・25）

実りある孤立を貫いて

「早川の展覧会、やることにしたからね」――。日本の同級生からパリのアトリエに電話がかかってきた時、「一週間考えさせてくれ」と返事をするほかなかったと、早川俊二さんは振り返ります。三年前の話です。

そのしばらく前、久しぶりに帰国して郷里長野の旧友たちと酌み交わした席で、そんな話題が出てはいた。しかし村の小中高校で同級だったというだけの素人が簡単に展覧会など開けるものではない。費用の問題、会場探し、作品の輸送、保険や安全上の問題、難問ばかりではないか。励ましはありがたいが、現実の話とも思えぬ――そう考えていたが同級生たちは本気らしい。

一週間考え抜いて、とりあえず承諾の返事はしたものの、その時点でもまだ半信半疑です。やるなら、自分なりのレベルというものがある。みっともないことはできない――。パリと長野の間で頻繁なやりとりが始まります。十人近い同級生が実行委員会を発足させ、役割分担を決め、趣意書を各方面に送って賛同者を募ります。

カンパを集め、会場を当たり、全国の早川作品コレクターに呼びかけ、素人ゆえのミスも経験しつつ、三年かけて「早川俊二長野展　遥かな風景への旅」をつくり上げたのです。作品六十三点、賛同者名簿には四百五十余人が名を連ねました。

善光寺の御開帳が終わり、長野の街に普段の落ち着きが戻った今月。大門に近い北野カルチュラルセンターの全館を使って開かれた早川俊二展は、画家長年の研鑽の成果を素朴な友情の力で輝き立たせた、一つの夢物語の舞台でした。

同時に、そこには異郷で孤独な制作を続けるこの作家の驚嘆に値する仕事の意味を、静かに考えさせる思索の場としての空気が湛えられていました。

早川俊二さんは、六年前のこの欄で「群れを遠く離れて」と題して紹介した油彩画家です。長野市の西郊、七二会《なにあい》村（現・長野市）で高校卒業まで過ごし、東京の美術学校を出て二十四歳でパリに赴きます。そこでぶつかったのが、西欧油彩五百年の歴史の厚みと奥行きであり、容易には太刀打ちできない異文化の「壁」でした。そのこと自体は、近代日本の渡欧画家の多くが経験してきた文化的衝撃というにすぎません。

浅井忠は一九〇〇年、東京美術学校教授として渡ったパリから日本の弟に宛てて、「あと百年はどうにもなるまい」「見ない方がよかった」と絶望的な手紙を書いています。浅井の二十一年後にパリにやって来た小出楢重は、「パリの絵なんてつまらぬものばかり」「パリで絵を習っているやつの気が知れないよ」といって半年で帰ってしまいます。

反応はそれぞれですが、共通するのは、五百年の長大な歴史の前でどちらも性急だったということです。一朝一夕には成らぬもの、こつこつと土台づくりから始めるしかないものに対して、すぐに結果を求めないではいられない。近代の病というべき射程の短さです。

手っとり早く流行のモードを持ち帰るだけの者も少なくなかった近代油彩の歴史で、早川さんのとった行動は冷静そのものでした。パリの美術学校に入り直し、デッサンに十年、自分の使いこなせる絵の具の開発研究に十年を費やし、それから自分の絵を描き出したのです。


作品の詳細は十七年前の日曜版「絵は風景」で紹介しましたが、丹念に重ねられる筆触の内からさざめくように形があらわれ、壺などの静物あるいは女性の像を結んでいく。在ることの不思議を問いかける「生成」の絵画であり、油彩の堅固な物質性と豊かなイメージ性を兼ね備えた、吸引力にみちた世界です。

昨年刊行された早川論集に添えた挨拶文で、早川さんは妻の結子さんとの連名で「集団に属さず、賞システムに関わらない、僕ら夫婦の社会的に孤独な絵画人生」と言っています。この言葉にこそ、ものを創る人としての強さの秘密はあります。

作品を創って発表するとは、一介の作者として、素寒貧の存在として、創って発表するということです。その覚悟もないまま地位や名誉に執着し、自らを粉飾してあるく人々の不自由を見ていると、夫妻の自由がかけがえのないものに思えてきます。

禁欲的と呼ぶのは当たりません。油彩本来の堅牢で透明な絵肌の魅力を現代的によみがえらせるという、一つの行き方を究める。それは、困難だけれど十分に楽しいはずの仕事です。

「展覧会作りも、早川が妥協しないので大変でしたが、楽しかったですよ」。実行委事務局長を務めた宮澤栄一さん（印刷会社社長）は言います。

長野展は終わりますが、開催希望が相次いで、札幌市のＨＯＫＵＢＵ記念絵画館、新潟市の砂丘館、山形県の酒田市美術館で開かれることが決まっています。

さざ波のような広がりです。

（6・27）

おまいにはワクワクするよ

いきなり「都知事選に出る」と言い出した息子に、母は「バカなまねはよしときな」とでも言ったんだろうと思っていたら、話は逆でした。

選挙間近を伝えるテレビのニュースを母とともに見ながら、息子は考えている。大物有力候補のことではなく、落選必至の群小候補たちのことを。金も地盤もない、当選の見込みもないのに「堂々といじらしく何度でも天下国家に立ち向かう、はつらつとした」者たち。自分もいつかはこの美しい泡沫の一員に加わってみたい――。

息子は母に言います。「今度も泡沫と呼ばれるしとたちが、たくさん出ると思う」。すかさず母は「それで何だろ、おまいもやってみたいんだろ」と。お見通しだったのです。尻込みしてみせると、「親に遠慮なんてするな。思い切りやってみりゃ、おのずと道も開けるってもんだ」「おまいにも何だかワクワクするねぇ」。

そうして現代の美術家秋山祐徳太子《ゆうとくたいし》は、一九七五年春の東京都知事選に名乗りをあげ、美濃部・石原の二大候補のはざまで「保革の谷間に咲く白百合」の旗を掲げて戦います。選挙という政治行為の作品化ですから、むろん効率などというものは無視して手間をかける。美しいポスターを作り、自ら一枚一枚貼って歩く。政見放送も立会演説会も、行政への私見を「政見」に仕立てるパフォーマンスです。

勢い余って都県境をはみ出し神奈川県の団地で演説したこともあった。幼稚園の子供らの前でも。「立派に落選するのが目的なんだろ？　有権者でもないしとを喜ばせてるとしたら、そりゃ目的通り、いやそれ以上に立派なことだよ」。全くもって母のせりふは奮っています。

秋山さんが三年がかりで書き下ろした『秋山祐徳太子の母』（新潮社）は、このブリキ彫刻家にして希代のパフォーマーを生んだ人、秋山千代（一九〇五―九七）の一代記です。同時に、背筋を伸ばし筋を通して生きた本物の江戸っ子の、胸のすくような言葉の記録です。

父と兄は早く亡くなり、下町新富町に母一人子一人の暮らしです。いじめを受けるようなことがあると、母は言いました。「いいかい、たとえ負けようが、喧嘩しなくちゃならない時にはちゃんと喧嘩するんだよ」

いつも着物に割烹着、きりりと美しい母は人気のお汁粉屋のおかみです。地回りのチンピラが「ちょっと顔貸せ」などとすごんでみせても、「何言ってんだい、顔は取り外しがきかないよ」と啖呵をきって追い返してしまう。官憲の類いも追い払う。弱い者いじめの卑怯なやつらに、付け入る隙を与えないのです。息子が母の再婚を心配すると「そんなわけないだろ。おまいがいて、天下の母子家庭の見本を作ってみせるんだから」。

町にはブリキ屋、鋳掛屋、駄菓子屋が並び、店には下町の芸者衆が出入りします。動く人間ポップ・アートです。この空間こそすべての表現の原点だったと、秋山さんは思います。のち高輪の都営団地に越しますが、母を中心に人の輪ができて、周囲は下町化していました。

芸大の倍率が高すぎて受験をためらった時は「そんな弱気でどうする」。それに力を得て、三年続けて受験番号一番を獲得してみせると、面白がって「おまいらしい」。

武蔵美彫刻科の卒業制作では「オリジナリティてのは、おまいらしさってことだろ。だったら他人が絶対作らないバカげた面白いものでいいじゃないか」「トタンやブリキなんか、いかにも下町芸術家みたいでおまいらしい」と決定的な一言です。

なんとポップな発想！　と、息子が感激したのは言うまでもありません。卒制の巨大なブリキのバッタが生まれ、哀愁漂うブリキの皇帝、ブリキの男爵が生まれていきます。身体表現では、文部省の前で読書の格好をして何時間も立ち続けた「二宮金次郎」。白のランニングにパンツ姿、日の丸を背負って銀座を疾走した「ダリコ」。魔都東京を駆けぬけたあの「白百合の使者」。みな戦後前衛美術の流れにある、阿呆らしくも真面目で明るい「ハプニング」の名作です。

ご本人は「みんな母が生んでくれたようなもんです。謎の女ですよ。不思議な親子だ」と。謎のひとの言葉には、もはや絶滅したであろう生粋の江戸庶民の美意識がありました。権威ぶるものを向こうに回して媚びずへつらわず、自立した人としての潔さがあった、素の部分が上等だった、ということです。

千代さんの去った東京は野暮な町になりました。事大主義がはびこり、強いもの、有名なものに身を寄せて己を語る類いの無粋が幅をきかせています。いや、かろうじて、遺徳を継ぐわが祐徳太子が八十歳で健在です。

去る直前の母の言葉は「いいかい、親の末路を、よぉく見とくんだよ」でした。最後の啖呵です。千両役者だったのです。

（7・25）

建築の原罪を問うた人

昭和三十年代の東京、たとえば少年時代を過ごした目黒のあたりには、長く放置されたままのただの空き地が、いたるところにありました。原っぱ、などと呼ばれた空間です。近所の連中と三角ベースや缶蹴りに興じ、時に虫とりもできる、格好の遊び場でした。

いつの間にかそこに有刺鉄線が張られ、立ち入り禁止の札が立つ。ある日、整地作業が始まり、建物の基礎が作られ、鉄筋が立ち並んでいきます。せっかくの空き地が、さしたる特徴もない、無表情な「箱」で埋まっていくさまを、子供らは黙って見ていました。代わりの空き地は、もうありません。

何もなかったところに、何かが建つ。それは有無を言わさぬ事態でしたが、時代にとって、また戦後の歴史にとっては、疑う余地もない「善きこと」だったでしょう。

高校生のころ帰りがけに道草をくった新宿西口の淀橋浄水場の上には、東京で一番の広大な空がありました。そこも間もなく閉鎖され、副都心と呼び名が変わって、巨大な縦型の箱で埋められていきました。そうした風景の激変と、空間の完全管理化のなかで、こちらの生身が受けとめていたのは、建築物が発する「意図された圧倒感」であり、それゆえの押しつけがましさ、鬱陶しさでした。ストレスの元凶です。

遠慮もなく空間を塞ぎ、人を威圧する、その避けようもないものを自らの「表現」と称してはばからぬ建築家とは、自分にとっては謎の種族でした。感受性が違いすぎる。

建築の普遍的価値の前では、それはむしろ偏見というべきかもしれず、人に通じるとも思えませんが、最高裁判所や東京都庁など、どうだと言わんばかりの建物の前を通るたびに、自分の素朴な感覚は捨てるまいという思いに駆られます。

村野藤吾《とうご》（一八九一―一九八四）という建築家がいました。合理的で無機質な「箱」を旨とする近代主義建築が主流の時代に、あくまでも「生身の人間を包む器」としての建築を目ざし、土地に即した多彩な意匠と素材を用いて一作ごとに想の異なる建築を展開した人、近代の孤峰というべき存在です。

時流に乗らなかったゆえに、建築界からは白眼視され、過去の人などとも言われましたが、評価は徐々に高まります。一方、効率性や機能性を重視して人間の尺度も環境との調和も軽んじてきたモダニズムの建築は、当然ながら行きづまります。

目黒区美術館で開かれている「村野藤吾の建築　模型が語る豊穣な世界」展は、設計図から起こした立体模型で村野建築の「花も実もある」ところを堪能させてくれます。たとえば現在の目黒区総合庁舎、シトー会西宮の聖母修道院など、高低差のある土地に建てるものは、柔らかく地に埋めこむような構想で地形との一体化をはかります。

旧日本興業銀行本店、有楽町駅前の読売会館など、変形の敷地を与えられた場合は、その悪条件を逆手にとって敷地の形をそのまま建物として起こし、特徴ある造形を生み出します。土地に即し土地に添うことでゆるやかに建築を風景の中へ押し出してやる。そういう大人の風格です。外へ向けての表情も、細やかな工夫が凝らされます。

実は今回、展示の面白さに加え、強い衝撃を受けたのは建築評論家長谷川堯《たかし》さんの講演でした。村野建築を語って四十年、その再評価の中心にいた人です。当方が建築分野を担当した三十数年前、一般紙では例のない建築時評を毎月連載してもらった先駆者でもあります。

延々四時間に及んだ講演は、あえて陳腐な言い方をしますが「火を噴く」ものでした。「村野は、自分の建築が世の中に出ていくことに対し、ある原罪意識をもっていた」と長谷川さんは語りました。宗教的な意味ではなく、その行為が本来的にもっている、逃れようもないものとしての負の要素ということでしょう。

「その意識があるからこそ、社会や自然の体系にできるだけ罪を犯さないよう、設計していたのではないか。そう気づいたのが二、三年前でした」。建築をつくって地球上に置くことは、それがいかに優れたものであれ、建築がなかったもとの自然の状態を、何ほどか駄目にする。それをいかに少なく抑えるか。そのことに苦悩し、苦心したのが、村野だった――。

そんな建築家がいたのです。彼がファサードつまり外面の表情や、細部の造作にこだわったのも、まさに建築が世の中に出た時に人間と接する部分、相まじわる領域だからです。

現代の建築をめぐる考えは、混沌かつ混乱の状態にあるようですが、土地に即し、土地に添う、穏やかな思想を根底に据える以外に道はない。「野心的」だの「世界的」だのともてはやされるものを、鵜呑みにしない方がいいということです。

（8・22）

ああホーローの秋が来た

あゝ、秋が来た
眼に琺瑯の涙沁む。

高校生のころ愛唱した昭和の詩人の詩句が、秋になると口をついて出ます。このあざやかなイメージに説明は無用ですが、ホーローは放浪に通じるゆえ、「ああ放浪の秋が来た」などと所かまわず高吟しておりました。爽やかな空気の下をどこまでも行ってみたい気分が、放浪の心に連なっているようです。

この秋、自分には幻だったある放浪画家の映画が三十何年かぶりに再公開されると聞いて、はやる思いで試写に駆けつけました。一九八六年に西武美術館の展覧会で油彩五十点を見て強い印象を受けたのですが、映画はその八年も前に日本に来て高い評価を得ていたのです。

ニコ・ピロスマニ（一八六二―一九一八）という不思議な響きの名をもつ、グルジア（現・ジョージア）の画家です。生涯の軌跡は不明の部分が多く、生没年にも異説がある。墓の場所も分からない。確かなのは、世界が揺らいだ第一次大戦前夜、芸術の分野でも新たな表現を求めて前衛が激しく動いた時代、はるかグルジアの大地をさまよい、一夜の宿と酒のために絵を描き続けた男がいたということです。

その作品は美術界の作家たちにも衝撃を与えます。死後に研究が相次いで、今はジョージアつまりグルジアの国民的画家です。首都トビリシの国立美術館に常設展示室が、郷里の村には記念館があり、展覧会も世界各地で開かれてきました。

ピロスマニの絵は美術教育とは無縁の、その意味では素朴な、自己流の世界です。グルジアの風土――そこに生きる人間、動物、風景、人々のうたげ、祈りなどを、直観的で簡潔な筆で、ふとぶとと、ぐいぐいと描いた、正面性の強い、時に聖像画を、時に壁画を思わせる、体の底にずしんと響く絵画です。

新しいものを探して浮足立っている現代作家たちが驚いたのは、その大地と人間の歴史から直接養分を汲み上げたような造形の、未知の力強さということでしょう。素朴とは、見かけ上のことにすぎないのです。

映画が始まってすぐに気づくのは、これはピロスマニの絵の空間だということです。構図は正面性が強く、アップは一切なし。音響効果を含む説明的要素も全くなし。ただ全編に静寂が漂い、その底に人の声が響きます。虫の音が地を這い、靴の音、水の音が耳をうちます。そこを、絵を抱え長身を折り曲げるように主人公が横切っていきます。圧倒的なCGと音響で人の想像力を奪っていく現代映画の一流儀からすれば、余白にみちた、はっとするほど印象深い映像です。ピロスマニという男は陽気で明るかったとも、内省的で暗かったともいいます。監督ゲオルギー・シェンゲラーヤが採用した視点は後者でした。絵のなかの祝祭的気分や庶民の堂々たる風格は、むしろ明るさにつながるのですが、主人公にメランコリックな低い視線を持たせることで、映画は、人間の営みのはかなさ、寄る辺のなさ、日々の過酷さ、大地の寂寥の深さ、それゆえの生のいとおしさといったものを、浮かびあがらせているようです。

「放浪」には不遇、敗残のイメージがつきまといます。映画でも、画家は一度もてはやされ、次に新聞のいい加減な評でけなされ、見放され、晩年は階段下の物置で暮らして、行き倒れに近い死に方をします。

しかし彼は、うちで働けという酒場の主人に「束縛されるのは嫌だ」と答えている。「人生なんて調子さえ合わせればいいんだ」と言われても、「そんなことはできない」と言う。新聞でけなされても「俺は何も変わらない。今まで通りだ」と意に介さない。屈しないのです。自分の嫌なこと、気に染まぬこと、出来ないことはしない。人に取り入りへつらって生きるぐらいなら野垂れ死にする方がましだ、という頑固で意固地で誇り高い生が、かつてはあったのです。

前の公開に携わって以来ピロスマニとグルジアに惚れこみ、今度の再公開でも中心的役割を担った岩波ホールの原田健秀さんは言います。「グルジアは何度も戦争にあい、そのたびによみがえって、自分たち独自のものと誇りを決して失わなかった。人間の強さです。放浪のなかでピロスマニが描いたのは、そういう人々の魂というべきもの。だからみな彼が好きなのです」

この自由な表現者、屈服しない男の芸術は、危険視されただろうスターリン体制下でも、心ある何者かの手で生きのびます。原田さんは、作家名はらだたけひでで出した『放浪の聖画家ピロスマニ』（集英社新書ヴィジュアル版）の最後に「私たちの時代にピロスマニの生きる場所はあるのか」と問うています。

一人一人に番号が振られ、点呼がとられる時代です。問いが重くのしかかります。（9・26）

はみ出し者に魂あり

放浪の画家ピロスマニについて書いた先月のコラムに、さまざまな反響をいただきました。管理化の進む社会につなぎ留められた現代人の深層には、行方定めぬ旅や漂泊への――未知の空間への――憧れが本能のように潜んでいるのかもしれません。

放浪は、つまり定住生活の枠組みからはみ出した（はみ出さざるを得なかった）「非定住」の生の形式です。絵かきでいえば、門を構えて一家をなし、師として君臨し、そうなると金も名誉も欲しい、大家巨匠とも呼ばれたいという俗流定住派の、対極にいる素寒貧です。

独りの身をもって地上の隅々を横切り、身にしみこむ外界の感触を作品の糧とする、吹きさらしの存在です。いかなるアカデミックで正統な定住型の作家をもさしおいて、ピロスマニが多くの民の支持を得ているのはそういうことでしょう。

そうした非定住型の「痺れる」絵画の系譜は本邦にもあります。きらびやかな美を振りまいたり押しつけたりはしない。自然と人間の織りなすのびやかな空間のかたちを、閑寂な風土にふさわしい簡潔な筆であらわしてきた絵師たちです。江戸時代でいえば、当方の痺れる絵かきは二人いますが、どちらも非定住、放浪系です。偶然とは思えない。創造行為の根源に触れる理由が、あるような気もします。

その一人、久隅守景の作品が東京でこれほどまとまって見られるとは、思いもよりませんでした。サントリー美術館で開催中の「逆境の絵師　久隅守景　親しきものへのまなざし」と題する展覧会です。ホーローの秋たけなわ、の感です。

以前、東京国立博物館の国宝『納涼図屏風』を紹介した、あの絵師です。晩夏の夕、瓢箪棚の下で月を眺めながら涼をとる、あの半裸の親子三人。移りゆく季節の情趣のなかに人間の情愛表現を包みこんだ、などと書きましたが、なぜこの男にこんな絵が描けたのかについては触れませんでした。

久隅守景は江戸前期、狩野派中興の祖といわれる狩野探幽の弟子として活躍した絵師です。門下四天王の筆頭と目され、師の姪を妻にした、中枢的存在だった。にもかかわらず、生没年不詳、出自も制作歴も不明という謎の人物です。何らかの理由で破門され放浪の旅に出た、と以前はいわれていました。最近では、父と同じく絵師になった娘と息子の不行跡によって、狩野派としての活動から身を引かざるを得なかったという見方が有力です。

いずれにしろ、幕府の御用を務める集団から脱落して独りの身になった。はみ出し者になった。

記録が残らなかったのは、そのせいかもしれません。

北陸地方で一時期を過ごしたといわれ、加賀藩の食客になったとも、晩年は京都に住んだともいわれます。肝心なのは、当時から評判だったという納涼図や四季耕作図などの代表作は、放浪の時代に描かれたと推測されることです。

四季耕作図は、武家の求めに応じて描く狩野派伝統の画題でした。領地を治める武家が心得として農民の姿を知るための、定型化された農作業の図です。その型を踏みぬいて、昼寝したり雨宿りしたりする民を描きこんだのは守景です。納涼図は今も人気の高い絵ですが、そもそも絵師個人の関心で家族の情景などというものを描く習わしのなかった時代に、多彩な線を使い分けて人間の幸福という普遍のテーマに迫ってみせたのは守景です。


権勢を誇る一門の厚い保護膜からもれ落ちて彼は一介の風来坊となり、人間のなかへ、田園へと入っていった。身一つで、じかに世界に交わった。門の内に納まり返っていては見えてこない人間の現実に、生態に、触れたに違いありません。

組織からはみ出した者が、血の通う人間表現で今に名を伝えているのとは対照的に、粉本主義の狩野派は形式化から脱することができず、やがて衰退していきます。人の世の皮肉というものかもしれない。

実は、間もなく始まる松本市美術館の「橋本雅邦と幻の四天王」展は、同様、組織からはみ出して放浪した明治の画家西郷孤月が、百年の時をへてかつての仲間——横山大観、菱田春草、下村観山と一堂に会すという、歴史的な試みです。

初期の日本美術院で、孤月は指導者雅邦の娘を妻にする俊才でしたが、離縁をきっかけに院から遠ざかり、院史からも消されてしまいます。朦朧《もうろう》体と呼ばれる大観、春草らの日本画近代化の試みは孤月が先んじていたという見方もあり、美術史上の欠かせぬ存在です。

孤月は志半ば、三十八歳で倒れます。天才肌の人だったらしい。放浪時代の作品には、世を渡る身一つの孤愁というべき表現がみられ、胸に迫ります。

ピロスマニ、守景、孤月——むろん、おさまりきらぬ「魂」ゆえにはみ出した男たちです。

（10・24）

他者の言葉に聴き入っていた

これは自分の経験として言うほかないのですが、当方が学生だった一九六〇年代後半は、現代詩というものが盛んに読まれた時代でした。

象徴的な出来事がありました。六八年四月に東京新宿の厚生年金会館で開かれた「詩に何ができるか」という、現役詩人十二人による朗読、講演、討論の会です。詩書の思潮社が現代詩大系の完結と現代詩文庫の発刊を記念して開いた催しに、千人をこえる若者が詰めかけ、会場からあふれた三百人が周辺を取り巻く騒ぎになりました。

入場料百円也を払ってもぐりこんだ当方、初めて見る「生身」の詩人にいささか高揚気味でした。自作朗読もそれぞれ面白かったけれど、強烈な一撃を食らったのはそのあとの講演です。登場した詩人は「詩の朗読のあとで話をするくらいバカなことはない」と言いつつ「朗読を聴いて、アーッ、アアッ、アッ、アーアッ、という感じでした」と、大きな身ぶり手ぶりの百面相で感想を語ったのです。なるほど詩人とはすごいものだと感心してしまいました。

続く討論は、綺羅、星のごとく壇上に並ぶ面々が、「詩には何もできない」「詩についての問答の一切が虚妄である」「詩こそ何かをやらなければならない」「口先だけうまい連中にだまされるな」など、皮肉と反語にみちた雲をつかむような議論を、会場からの激しい野次にもめげず繰り広げました。当時の学生は乱闘には慣れていましたが、なるほど詩人とは自由で戦闘的で統制のきかぬ人たちだと思い知ったのです。

あの時の熱気と言葉のやりとりを、ときどき思い出すことがあります。その二年前には、詩人谷川雁《がん》が「詩は滅んだ」と宣言して論議を呼んでいました。にもかかわらず、というべきか。詩の渦に身を投じたばかりの学生にとって、催しは新しい世界の始まりでした。

詩を書く人間の発する言葉の実を、見極めようとしていた。言葉が人間に何をするのかを、固《かた》唾《ず》をのんで見守っていた。その場に行き交う言葉に、みな聴き入っていたのです。

詩を読むとは、詩について考えるとは、何よりもまず、他者の言葉に聴き入ることでした。大学構内にはバリケードが築かれ、周辺には機動隊が整列していました。既成の制度や価値観に異を唱え、権威ぶるものを引きずりおろそうとして言葉を探した。言葉への信頼はなお失われていませんでした。

ところで、その日、「アッ、アーッ」の演技でこちらの度肝を抜いたのは大岡信《まこと》という詩人でした。当時三十七歳。彼は討論にも加わり、詩という行為に対して斜に構える空気のなかで、わずかな「肯定派」の印象を残しました。

あとで詩誌の記録を確かめてみると、「詩が僕に何かしたことは信じざるを得ないし、何かできると思わなければ生きてられない」と言っています。過剰に構えることのない、率直な発言だと思いました。「言葉との良き関係」が、おそらく彼の最大関心事だったのです。

それから長い年月がたち、詩人は八十四歳の今日まで膨大な著作を生み続けてきました。個の仕事としての詩。連句、連詩という「合わせ」の仕事。文学批評、美術批評、翻訳。日本詩歌の一大アンソロジーとしての「折々のうた」。あるいは講話「日本語の豊かな使い手になるために」、国語教科書私案、日本人の死生観探究――。

現代の文学者として比類ない広がりをもつ営為を貫くものがあるとすれば、「言葉との良き関係の構築」への意識というほかありません。それはきわめて社会的な意味をもちます。世田谷文学館で開催中の「詩人・大岡信」展は、そうしたすべての根源にある「詩」に改めて着目します。詩稿ノートや評論の下書きなど多彩な資料類のなかで、目を奪うのは詩稿に残るすさまじい推敲の跡です。

一度書きつけた言葉を片っ端から塗りつぶしていくような勢いです。わずかに生き残った言葉が他の言葉を呼び、リズムを成し、血を通わせていく。破壊と再生の現場です。自らの言葉に聴き入る詩人がいます。こんなにも一語の命に神経を行き届かせた末に、言葉は一挙に立ち上がっていったのです。

大学卒業後の十年間、大岡さんは読売新聞外報部の記者でした。そこでは言葉の社会性がすべてです。かたわらフランス詩に没頭し、勤めの行き帰りには道元の「正法眼蔵」を読んで「文字のなかから襲いかかる閃光」を浴び続けます。言葉の意味の世界と、意味をこえた世界の双方に、身をさらしていた。

詩稿群は、形ばかりの空疎な言葉のやりとりを疑おうともしない現代の有名人から無名人までを、震撼させてくれる自己鍛練の跡です。朗読の感想を語ろうとして実にさまざまな「アーッ」をやってみせた遠い日の詩人の若々しい表情が、そこに重なって見えるようでした。（11・28）

偏見と侮辱の歴史はなお

人間の偏見や差別に根ざすさまざまな暴虐のかたちが、今年も人類の歴史に書き加えられました。悲しい現実です。

テロ事件ほど耳目は集めませんでしたが、戦後七十年にして明らかになった第二次大戦下のドイツにおける障害者虐殺は、医師たちが殺害に関わっていたという衝撃的なものでした。十一月に放送されたＮＨＫテレビの番組は、自国の歴史に率直に対してきたドイツでもあまり注目されなかった部分を、ドイツ側の調査報告と関係者の証言で新たに描き出してみせました。番組の内容紹介になりそうですが、避けては通れません。

ナチスによるユダヤ人虐殺に先立って、二十万人もの「社会的弱者」がガス室に送られていた。根拠となったのは二十世紀に流行した優生思想です。ダーウィンの進化論を人間に当てはめ、優れた素質の個体だけを残して健康な社会をつくるという偏見を、ドイツでは医学界の中心人物が主導します。

「生きるに値しない命を終わらせることは、決して犯罪ではない」「むしろ社会にとって有益である」——冷静に考えれば邪悪きわまりないこうした思想が、専門家の著作を通して浸透します。そこに目をつけたのがヒトラーだった。

第一次大戦後の疲弊しきっていたドイツを強い国家として再生させるため、ヒトラーは断種法を施行して遺伝病の根絶をはかり、ベルリン五輪などで民族の力を誇示します。傍ら、生きる価値がないと医師が判定した人々を、極秘に収容する作戦を展開します。ガス室の栓を開けたのも医師でした。

作戦に関わった人々は、これは正しいことであり恵みの死であると信じていたといいます。信じこまされていた。あるいは洗脳されていた。全体主義とは、何よりも「自分の頭で考えない」システムの構築のことでした。

五年前、ドイツの学会は作戦への組織的関与を認め、謝罪しました。社会を障害者らの世話の負担から解放すること、よい遺伝子を残すことが目的だった——と弁明しています。

わずかな救いは、国民の沈黙のなかで、公然と声をあげた人がいたことです。「これは恵みの死ではない、単なる殺人だ」「貧しい人、病人、非生産的な人、いて当たり前だ」——。ある司教が説教で語った言葉がコピーされて広まり、ヒトラーはまもなく作戦を中止します。全体主義下、自分の頭で考えた一人の勇気が、ひとまず事態を止めたわけです。

しかしナチスは、殺戮の方法論と技術を手にしていた。前作戦はユダヤ人虐殺へのいわばリハーサルだったと、病院関係者は証言しています。次にくるホロコーストを止める者は、もはや現れなかったのです。

同じ十一月、茨城県の教育委員が特別支援学校を視察した後の発言で批判を浴び、辞任しました。障害児の出生を「茨城では減らしていける方向になったらいい」と、言ったそうです。「多くの人が従事して大変な予算だと思う」とも、言ったそうです。

厳しい言い方になりますが、これはまさに優生思想であり、ナチスドイツが考えていたことと同じです。現代の公人としてのあまりの無知、無神経に言葉を失います。初め発言を問題なしとしていた知事にも、しっかりしろと言うほかありません。辞任した委員は東京・銀座の画廊人です。長く美術を担当してきた者としては情けないと言う以外にない。一般論として言って、美術の世界もまたさまざまな偏見のまかり通ってきた所です。

実は今年の後半、『山下清と昭和の美術』(服部正・藤原貞朗著、名古屋大学出版会)という大冊を読み進めてきました。今回はこの本をたっぷり紹介するつもりでしたが、十一月の二件がそこへ飛びこんで余地がなくなりました。

山下清という、名前だけなら誰でも知っている昭和の画家です。軽度の知的障害があったというだけで作品としての正当な評価を受けず、メディアには芸能人のごとく扱われ、美術と福祉のはざまに翻弄されていったその生涯を、発掘した膨大な資料で精細に跡づけた労作です。

たとえば、のちの著名な美術評論家はゴッホ展会場でゴッホ作品と山下を並べて撮ることに断固反対し、「けがらわしかった」とまで言っている。昭和を代表する文芸評論家は、山下作品の美しさを認めつつ、そこには人間の思いがない、空っぽだと断じている。

山下清は美術をとりまく民の歴史を語りうる存在です。だが「大衆」に偏見をもつ日本インテリは、山下を語る言葉をもたなかった。この本には、狭い世界を離れ、偏りを正し、可能な限りの平衡感覚を得て山下の画業を公正に評価しようという、渾身の叙述があります。

社会のなかに病、障害、苦悩、死が存在することを受け入れよ——そう、ドイツの調査関係者は言いました。当たり前の話です。美術などというものも、そこから始める以外にないのです。

（12・26）

二〇一六年

〈未央柳 '05 I〉

見ることは喜びだった

昨年の秋、十月ごろのことです。新聞社の仕事机の上に積んである雑多な資料類の、一番上に出ていた小冊子の表紙写真がふと気になって、そのまま目が離せなくなりました。日々届く郵便物をぱっと見てぱっと処理し、あとで見直そうと思ったものをとりあえず積んでおく。たまたまそのてっぺんにあったという偶然です。

かなり昔の写真です。古い民家の軒先に長いつららが幾つも下がって、軒下に半纏姿の子供が二人。いま手を差しのべて、その透明な冷たいものに触れようとしている。

その瞬間の、すでに顔をしかめて目をつぶる男の子のしぐさと、女の子の指先のかたちが、生き生きと跳ねている。息づかいが聞こえたのです。

一枚の画面のなかに、光と影が複雑に交差します。つららには陽《ひ》が当たって、しずくがしたたり落ちんばかり。女の子の体は陰になり、家の壁に映るその影が子のしぐさを表現しています。

これといって強烈なもののない、このモノクロ世界のどこがそんなに人を引きつけるのか。表紙には「横内勝司《かつじ》写真展　時を超えて」の表題があり、中をめくると、解説文と大小二十点ほどの写真作品が配されて、「横内勝司」が何者であるかを語りかけてきます。

写真は大きな風景に抱かれた人間の日常をとらえたスナップ作品が主で、どれも構図は完璧です。何よりも、撮り手が目の前の現実——人と風景の関わりに、歓喜しつつ向きあっている様子が真っすぐ伝わってくる。作者の個性だの主張だの鬱陶しいものがしゃしゃり出てこない。不思議な清浄感の世界です。


写真を見て心が洗われる思いがしたのです。こんな経験は初めてかもしれません。

解説を読んで驚きました。それらは八十年以上も前、カメラがまだ普及していない時代に撮られた乾板写真でした。撮影後は人目に触れることもなく、信州松本の民家の屋根裏に七十年間眠ったままになっていた。

撮影者の横内勝司は松本の農家の長男で、農作業の合間に写真を撮り歩き、昭和十一年に三十三歳で没しています。むろん日本写真史に名はありません。

横内の写真展を企画し、小冊子を作り、解説文を書いたのは安曇野在住の写真家石田道行さんです。文章は、これほどの写真を撮った人が名前すら知られていないことへの義憤と哀惜の思いに満ちています。これは行くしかない。正月明け早々、安曇野へ向かいました。

関西育ちの石田さんは、十九年前から信州を拠点に森を撮り続けています。人間と自然との関わりを根源的に考える場としての、森のかたちです。二年前、松本市内で開いた個展の会場を訪れた一人の老人が、「自分の父親も写真を撮っていた。見てもらえないか」と申し出たのがすべての始まりでした。

彼の家を訪ね、何年か前に出てきたという乾板写真の山に石田さんは衝撃を受けます。老人は撮影者の長男、つららの下にいた八十年前の坊やでした。当時希少のカメラは、専ら新しいもの、時代の主潮、「ハレ」のものに向いていました。この写真群は片隅の日常つまり「ケ」を追っている。世の大勢と視線の方向が逆なのです。

それ以上に、現代のカメラとは比較にならぬ手間のかかる乾板写真で的確に人間の輝きの瞬間をとらえ、光と影の織りなす詩情豊かな空間に仕立てあげる手腕が、「ほとんど信じがたいものだった」。映像という概念すらない時代に、天才的な直観で映像性を先取りしていたというほかありません。

石田さんは言います。「あえて世の逆を行ったのではない。自分のやりたいことをやったらそうなった、ということでしょう。本物というのは真ん中にはいません。端っこの方にいるものです」。全く同感です。

逆光、長時間露光、ソフトフォーカスなど、横内は短い間に実にさまざまな試みを重ねています。写真雑誌も読んでいた。冬の作品が多いのは、農業をおろそかにしなかった証しです。「子供も村人も、皆いい顔をしている。背中の子まで笑っている。戦争や復興を撮った写真は数多くありますが、戦前の日本には、こんな平和で豊かな農村の日常があったということです」。そういうものを根こそぎにしたのが戦争だったことを、改めて、痛切に、思います。

写真を撮ることが、よく見ること、喜びをもって見ることと、幸福に一体化していた。それが横内勝司の世界です。歴史に残すべき写真家、という確信のもとに石田さんはすでに二度の横内展を自前で開き、希望があればどこへでも出かけて移動展を開く構えです。

出会ってしまった者の責務、というより「写真の神様に選ばれた人の写真ですから。僕も楽しくて仕方がないんですよ」。作品画像の幾つかはインターネットで見ることができます。

（1・23）

愛されて銀座の伝説に

東京の銀座が「画廊の街」と呼ばれた時代がありました。むろん画廊が多かったということですが、それだけではない。

作品を作る人間がいて、その人が画廊を借り、あるいは画廊の企画で、自作を外へ向けて発表する。緊張をともなう、精神の劇をはらむ行為です。

そこをさまざまな人が訪れて作品に接し、楽しみ、面白がり、人間について考え、あるいは何ら受けとるものもなく、しばしの時を過ごす。

そういう、直ちには商行為に結びつかない空間です。作品を買う人だけでなく、楽しむだけの人も、作家に会いに来るだけの人も、堂々お客でいられる。買ってもらうより、まず「見てもらう」ことが主眼の場。感想を言ったり批評したりするという一文にもならぬ行動が、尊重される場でもあります。

銀座という日本の一中心に、ある伸びやかな空気を醸しつつそういう場が連なっていたのは、歴史的な経緯を踏まえても不思議な話です。街のゆとりというものかもしれない。その悠然たる風格が、銀座だった。

美術を取材して界隈を三十六年余り歩いてきた者としての実感で言えば、今の銀座には画廊の街と呼ばれたころの香気も味わいもありません。時代の美術を面白くした画廊は役割を終え、代替わりし、あるいは銀座を離れ、また消滅し、画廊地図は一変しました。

むろん健闘している画廊は幾つもあります。一方、巨大な商業施設、ブランド店、チェーン店が好位置を占め、建物の高さはバラバラになり、外国人観光客が歩道にあふれ、街全体が落ち着きをなくしてしまった。いわば時代の要請にしたがい時代の価値に順応することで、どこにでもある「凡庸な街」になってきたということです。

そのなかで、場所もたたずまいも変わることなく、企画も常に水準を維持しつつ、来月で開廊五十年を迎える画廊があります。激しく変貌する銀座の、そこだけは不変の特異点というべき「みゆき画廊」です。外堀通りがみゆき通りと交差する角のビル、入りやすい二階です。この銀座第二東芝ビルに画廊を開いたのは、東芝重役の加賀谷小太という人物でした。

彼は、隣の銀座東芝ビルがGHQ本部になりかけた時、もっとふさわしい建物があると言ってマッカーサーを第一生命ビルに案内した伝説のある人で、美術愛好家でもあった。

自社ビルに画廊を作ったのは、見ず知らずの店子を入れるより品格が上がる、という判断でした。のち銀座に新しく建つビルの一角を画廊にする経営者が増えたのも、彼らに「画廊は文化」の意識があったからでしょう。

運営を任された加賀谷氏の娘澄江さんは、アメリカ人の奥さんだった時の姓をとって「ベイリィさん」と呼ばれました。ベイリィさんは画商をやるつもりはなかった。意欲ある作家にスペースを貸し、ともに「よき展示」を作りあげる貸画廊として、情熱を注いだのです。

画廊は人気を得て日本の代表的な貸画廊になっていきます。一定の受け入れ基準を作り、新人から著名作家まで、地道に制作に励む地方の作家まで、広く門戸を開いて多彩な表現の「現在」を紹介し続けます。

とりわけ新人の登竜門として名を馳せますが、どんなに愛され有名になろうと、ベイリィさんは「うちはただの貸画廊よ」と言って意に介さなかった。謙譲でも卑下でもない、この真っすぐな認識の仕方こそ、この人の人柄そのものでした。

展示の構成には徹底的にこだわった。しかし本来さらりとしてこだわりのない、都会人の洗練を身につけた人でした。あくまでも当たりは柔らかく、受け答えは率直明快、疑問があれば正面からぶつけてくる。裏も表もない。しかもお金の計算は苦手で、経営状態が悪くても涼しい顔をしていた——。

この何とも魅力的な人物像を核に、戦後の銀座史を背景に、みゆき画廊の歩みを語ったのが来月の五十周年にあわせて刊行される『ベイリィさんのみゆき画廊』（みすず書房）です。著者の牛尾京美さんは、二十四歳で画廊のアシスタントとなり、十三年前にベイリィさんが亡くなった後は経営者として、企画を維持し画廊を「死守」してきた人です。

画廊に勤めるつもりも、まして経営者になるつもりもなかった。「自分はすべてをここで学んだ。それが運命なら、引き受けるしかない」と覚悟を決め、ベイリィさんの夢だった五十年まで奮闘を続けたのです。

実は、夢の達成と同時にみゆき画廊は閉廊します。ビルの建て替えが計画され、新しい建物に画廊は入れないことになった。時代は変わり、銀座も変わったのです。

牛尾さんは前を向き続けます。銀座の別のビルに部屋を探し、新たに「うしお画廊」を始めることになりました。「ベイリィさんも連れて行きます」と語る声の明るさに、ほのかな希望と安らぎを感じます。

（2・27）

千年後を生きる祈りの形

「久しぶりに注連寺へ行きますが、一緒にいかがですか」。旧知の画家木下晋さんから連絡があったのは、先月のこの欄の仕事を終えた日でした。注連寺を訪ねることが自分の宿題だと、以前彼に話したのを覚えていてくれたのです。

東北の山岳霊場として名高い出羽三山の奥の院、湯殿山の真言寺院です。空海の開基と伝えられ、文政年間に入定した鉄門海上人の即身仏を祀《まつ》ることでも知られます。近年は、森敦《あつし》の芥川賞作品『月山』の寺としても注目されるようになりました。

この寺の本堂天井に、巨大な合掌図が描かれています。三十年前、木下さんが当時の住職から「千年後の時間を生きる絵を」と依頼され、考え抜いた末にたどり着いた主題です。四年をかけたその制作をかつて取材して記事にしたことがありますが、天井に収まった完成形は未見でした。自分の中では終わっていなかった。

遠い昔の学生時代、即身仏の思想的背景に興味を抱き、研究の基礎を築いた美術史家安藤更生博士のもとに参じて出羽三山行きを懇望しました。しかし博士は病を得て半年後に世を去り、当方、落胆してミイラと付き合う気力も失せてしまいました。

二重の意味で宿題だった地をその地に深いゆかりのある現代画家——しかも自分が強い関心をもって長年取材してきたその人に導かれて、訪れることができた。奇縁という気がします。

庄内平野から東南に望む出羽三山は、純白の雪に覆われる牛の背のような月山が風景の中心です。神々しい白、しかし妙に生々しい白です。森敦の言葉を借りれば「死者の行くあの世の山」の白。この世ならぬ白。

山中の高い木立に囲まれた注連寺は、霊域らしい濃い気配の漂う寺です。天井画は現代画家四人が競作し、木下さんの合掌図は鉄門海上人を安置する厨子の真上に、上人の方を指さす形で収められていました。

木下晋という画家については、この欄でも何度か書いてきました。鉛筆の濃淡による細密な描写、ただそれだけの手法で、人間の生命が秘める光を、生命がのぞかせる深淵を、描いてきた。時代を超える凝視の絵画です。「わが国では空前絶後の絵かきではないか」と評したのは宗教学者の山折哲雄氏です。

合掌図は、木下さんにとって節目ごとに現れる大きな主題でした。身近な人を、盲目の瞽女を、あるいは元ハンセン病患者の詩人を、描く過程で煮詰めていった象徴としての人間の形です。老いや病や死に向きあわねばならぬ人間が、最終的に落ち着き、最後に心の平安を得るための、救済としての普遍の形です。

初めて見上げる木下作品は、杉板に墨で描かれ、想像していたよりも強く、岩山のような存在感で眼前に迫ります。天井に収まって以降、両の手そのものが歳月とともに成長してきたような、荘厳な風景です。木下さんは床に寝転んで、いつまでも上を眺めていました。四月から鎌倉の禅寺の天井に新たな合掌図を描くことになり、旧作を確かめに訪れたのです。

昭和三十五年、安藤博士を団長とする出羽三山ミイラ学術調査団は、庄内地方を中心に点在する即身仏十体を初めて調べ、解剖学、宗教学、民俗学などを総動員して、この異形の仏たちの謎を解き明かします。

それは世界に分布するミイラ一般とは異なり、基本的に自身の意志による過酷な修行をへて「この身を仏に」しようとした人々でした。思想的には空海の説く即身成仏論、また五十六億七千万年後に衆生を救うために下生してくる弥勒の信仰が、背景にあるといわれます。

しかし現住職の佐藤弘明さんと話すうちに、気がついたことがあります。即身仏になった人々は高僧でも何でもない、庶民出身の行者です。人を殺して寺に逃げこんだ者もいる。鉄門海もそうです。むろん伝説です。伝説と事実が判別し難い。確かなのは、飢饉や圧政という東北の現実の中で、彼らが民の救済を願ってわが身を痛め続けたことです。要するに民の苦しみを一手に引き受けたのです。

たとえば木の実だけを口にする木食行は、即身仏になるための体作りですが、凶作にあえぐ当時の東北では飢饉食でもあった。人々と同じように飢えつつひたすら祈り続ける上人の現実の姿は、どんな教養にも増して、人々に救いと解放の感覚を呼びさましたはずです。

とりわけ鉄門海の行動力は、桁違いだった。いま、おびただしい彼の足跡が東北各地で明らかになりつつあります。確認された石碑や供養塔だけで百七十基近い。寺を建て、道を作り、病む者を慰め、その一つ一つが目の前の民を安らげようとした行為のあかしです。

そういえば、と住職は言いました。「いま鉄門海さんの両手は崩れていますが、古い写真を見ると合掌しているんです」。初めて知ったという木下さんが驚喜したのは言うまでもありません。

（3・26）

凝視の人、流れに抗し

今月は、九州・久留米出身のある特異な画家の話をするために、彼の生地の空気を吸ってくるつもりでいました。その矢先の熊本地震で交通の混乱が続くうちに、締め切り時間です。久留米の空気は吸えませんでしたが、九州の生んだこの伝説的な画家の仕事と、苛酷な現実下を屈することなく生きたその生の構えを、この際、書きとめておきたいと思います。

髙島野十郎（一八九〇―一九七五）という油彩画家です。生前は無名でしたが、三十年前に福岡県立美術館が回顧展を開いて注目を集め、次いで東京・目黒区美術館での展覧会が一斉にメディアに取り上げられてブームを巻き起こしました。記憶する人も多いはずです。

何よりもその特異さとは、日本近代の美術が西欧直輸入の激しい様式の転変とともにあったなかで、一見時代遅れの平穏な写実世界を超然として貫き通した点にあります。

もう一つは、彼の生涯そのものの謎です。久留米の裕福な造り酒屋に生まれ、東京帝大水産科を首席で卒業すると、あっさり学問を捨てて画業に転じている。組織に属さず、新傾向に染まらず、滞欧中も同胞と交わらず研究に打ちこみます。家族ももたなかった。ついには千葉の片田舎の電気も水道もない小屋に住んで描き続け、最後は老人ホームでの死――というすさまじい軌跡が、世の耳目を集めたことは確かです。当方も、その「拒絶し捨て続ける生」に衝撃を受け、記事を書いた記憶があります。

肝心なのは、そうした境遇にすすんで身を置くことで彼が何をしようとしたのか、その答えが彼の作品群ではないのか、と考えてみることでしょう。髙島の没後四十年を期して福岡県立美術館から始まった新たな回顧展が、目黒区美術館で開かれています。二十八年ぶりに見るその世界は、近代美術の単なるエピソードにとどまらぬ大きな問いを投げかけているようです。

百五十点の油彩はすべて再現的な写実絵画です。自画像があり、風景があり、静物がある。かつて話題になった一群の「蠟燭」の絵がある。分かりやすい。誰もが抵抗なく入っていける。

そう思って見ていくうちに、だんだん違う気がしてきます。細部まで克明に描かれる強い視覚世界ですが、迫真的といわれる厳密で冷たい描写ではない。じっと凝視するうちに彼の目の力で対象が発熱するような、対象がその場の空気と反応して静かに燃焼するような、灼熱感が浮上してきます。

描かれるのはどこまでも「この世の形」です。しかし彼の絵から伝わるのは、むしろこの世に物があることの不思議の感覚であり、そこに立ち会うことの浄福感のようなものです。客観を装いつつ、彼は自分にしか見えない世界を描いています。

そうした「不思議の探究」とは、人間にとって時代を超えたものです。髙島は、可能な限り自分の身から無用のものをそぎ落とすことで、ただ一個の目となりとげ、謎めいたこの世界の「実相」を自分なりに見極めようとしたのかもしれない。無一物の境涯に自分を置いたのも、そのためと思われます。

十六年前、髙島の遺稿ノートが発見され、彼の思索の一端が初めて明らかになりました。「花一つを、砂一粒を人間と同物に見る事、神と見る事」「全宇宙を一握する、是れ寫実　全宇宙を一口に飲む、是寫実」といった表現は、青年期から傾倒した仏教の「諦《てい》」にも通じる態度といえそうです。

髙島野十郎は写実という世界にとどまり、その可能性を信じて垂直に掘り下げようとした男です。しかし近代以降、ひたすら新しさと変化を求め続けた美術の批評は、「とどまるもの」「そこを掘り下げるもの」には見向きもしなかった。一九六〇年代前半、芸術雑誌の記事で紹介された時、著名な批評家は彼を「対象表現に憑《つ》かれた老画家」と呼び、その作品を「美術とは何か、というような疑問符とは無縁の世界」と断じました。

その少し前、日本では抽象・アンフォルメルと呼ばれる旋風が吹き荒れ、多くの具象画家が抽象絵画に転じています。風になびかぬ者、流れに乗らぬ者は、時代遅れとして相手にされなかったからです。そうした日本的村社会の外側で、高島野十郎は独り生きた。むしろ彼こそ、美術とは何かという問いの深さに向きあっていた作家というべきです。自画像を見れば、その自意識の強烈さが分かります。頑固で、頑強な、揺るがない男――。

一方で、高島研究を進めてきた福岡県立美術館の西本匡伸副館長は「彼は決して隠遁者ではなかった。多くの友人知人がアトリエを訪れている。外出するときは立派な紳士姿だった」とも証言しています。伝説から脱して、躍動的な作家の実像が見え始めています。

（4・23）

ゴミの心に添うてみよ

東京の湾岸、城南島に途方もない造形物があらわれたという噂は、しばらく前から伝わっていました。

古新聞の束を部屋いっぱいに積みあげたもの、瓦礫を無数に敷きつめて部屋を埋めたもの、つまりゴミ置き場みたいな造形だと聞いて、見当がつきました。以前、大阪の美術館で、その途方もなさの一端に触れる取材をしていたからです。

ともかく、この目でいま現在の見え方を確かめるしかありません。作家が東京にやって来る機会をとらえ、連休明けの一日、見物に出かけました。

十年ぶりに会うその人、三島喜美代さんは、一九六〇年代から制作を続ける現代美術家です。近年は陶や煉瓦、土などを素材に大スケールの立体造形を展開して、国際的にも注目を集めます。元気はつらつの大阪育ちですが、重い材料を長年持ち運んできたせいか、以前より一段と小柄になっていました。

「作品はどんどん大きくなって、体はどんどん小さくなってます。重いもの持つたびに、圧迫骨折で骨がピシーッいうんですわ。二十五センチ、ちぢまりました」。久しぶりの挨拶も規格はずれです。

物流地区の巨大な倉庫を改装して昨年開いた「アートファクトリー城南島」には、この三十年ほどの代表的な六作が収まっています。それぞれが一部屋を占めるような組作品です。

いずれも、大きすぎて持って行き場所に困り、作家の仕事場（岐阜県土岐市）にシートをかけて野積みにされていたものです。三年前、たまたま訪れた美術資料センター（東京）の水嶋龍一郎氏が救い出し、会場探しに奔走した結果、常設展示作としてよみがえったのです。本当のゴミになる寸前でした。

三島さんの作品の見所は幾つもありますが、当方が圧倒され身につまされるのは、やはり古新聞のうずたかい山、山、山です。やはり、というのは、日々古新聞を生み続ける側の人間だからです。いや、生むのは新聞であり、古新聞ではない。「でも読み終われば、即、ゴミですからね」。三島さんは言います。ううむ。

部屋の入り口に立つと、薄暗い電球の下、高さ三メートルほどの天井ぎりぎりまで古新聞の束が積まれ、奥へ迷路のように続いているのが見えます。侵入すると行き止まりがある。引き返すと方向が分からなくなる、束はラフに積まれていて、いつ崩れてもおかしくない。一瞬、生き埋めの恐怖に駆られます。縛りあげられ束の中に圧死しかけている「情報」たちのうめき声が、聞こえてきそうです。

何十メートル歩かされたか、心落ち着かぬ迷路を抜けると作家が待っています。二千三百束、使ったといいます。すべてポリエステル素材にシルクスクリーンで紙面を転写した「新聞もどき」です。ほの暗い光の下では本物と区別がつきません。

その先に展開するのは、幅十メートル、奥行き二十二メートルの床一面に瓦礫のひしめきあう原野です。色も形も不ぞろいの古煉瓦一つ一つの表面には、これも新聞の見出しや記事がびっしり転写され、沈黙のうちに声を発しています。その数、一万数千。滅亡した都市の底に埋もれていた人類の生きた証としての情報の断片、といった趣です。


そのままではゴミでしかないもの、ゴミ扱いされておわりのもの、そういう見向きもされないものたちが、三島さんの作品の主役です。

ゴミが細部の表情をもつことにも、震える声を発していることにも、現代人は意を払いません。そんな暇はない。不用と判断したものは直ちに自分から切り離す。目の前から消し去る。焼却炉に送りこむ。そのためのシステムを、膨大な費用をかけて都市ごとに築いてきた。

三島さんは多分、逆の側から世界を見ています。初めは巷《ちまた》に氾濫するもの——ゴミや情報——への不安や恐怖から、それらを主題にしたといいます。「見きわめてやろう」の意識だったかもしれない。

初期の絵画の時代、古雑誌や印刷物をコラージュした作品には、人間と時代の空気を一気にとらえる、いわばゴミゆえの表現力があふれていました。

やがて「ごみを通して見えてくる世の中というものが面白くなって」くる。外国へ旅行しても見てくるものはゴミばかり。「それで人間の暮らしも空気もみんな分かります」

三島さんの言葉から、考えます。ゴミは現代の文明生活の残滓であり、人間を通過していったものです。人間の形をしたもの、つまり分身です。目の敵にされようが、否定しようもなく人間を語ってしまっている。たとえばあの始末のつけようのない核のゴミが、現代人の程度というものを最もよく語るように。

作家は余計なことは言わず、ひたすら物量の表現に向かいます。すると、ゴミたちの愚直なたたずまいが、人間の生のひたむきさ、けなげさの現れとも見えてくる瞬間がある。不思議な「おかしみ」がそこに浮かびあがってきます。

（5・28）

蕪村vs若冲 対決始末

蕪村のことを少し書いておきたい気分になりました。理由ははっきりしています。若冲《じゃくちゅう》です。例の。

つい先日、東京上野公園の美術館周辺に、あきれるほどの長蛇の列を出現させた、あの「奇想の画家」です。炎天下、列の最後尾は四時間、五時間待ちでした。ようやく入場できても列はさらに館内へ続き、どうにかたどり着いた作品の前は大混雑で鑑賞どころの騒ぎではなかったと、これは実際に足を運んだ人の話です。

当方はそんな行列や人混みに耐える気力も体力もなく、ただもう阿呆らしくてそのまま引き返しました。並べるだけ並ばせ詰めこめるだけ詰めこむ、鑑賞の質は問わない前時代的なやり方だ――と、苦言を呈した雑誌もありました。相国寺蔵の釈迦三尊像と動植綵絵《どうしょくさいえ》の全幅が一堂に会す貴重な機会ではありましたが、そんな高度な文化的仕掛けも、当の現場では野蛮と紙一重というのが、国中に美術館のあふれる二十一世紀日本の一現実です。

それにしても若冲への、この殺到ぶりは何なのか。現象としては、はやり物だからさらにはやる、評判のものだからさらに人が群がる、メディアがそれを増幅するということですが、もう一つ奥に内因と呼べるものがあるのかもしれない。

若冲の絵画は日本の美術史にはあまり類のない、一種狂熱的な造形です。激しくうねる曲線、おそろしく細密な描きこみ、徹底した濃彩から生まれる花鳥虫魚の図は、きらびやかで強烈で刺激の強い、執拗で過敏でマニアックな、超絶技巧の世界です。あらわれるのは、見たこともない風景です。

そうした刺激の強いもの、何ごとか強烈なもの、技の限りを尽くしたもの——つまり信じ難いほどすごいもの、自分を揺さぶってくれるものを見たいという願望が、一見平穏な日常の底にあるのでしょう。そこにデザイン性やスピード感が加わっていれば、まさに現代的な価値そのものというわけです。

その若冲と、蕪村の画業を並べる「若冲と蕪村」展が、東京のサントリー美術館で開かれたのは昨年春でした。ともに一七一六年生まれ、しかも同じ京都の町中の、ほんの目と鼻の先に住んだ二人です。蕪村はむろん俳諧の人、かつ俳画の確立者です。同時に大雅と並ぶ日本文人画の大成者ともいわれます。同時代人とはいえ若冲とは対照的で、絵は技巧性や強烈さとは無縁、ゆるやかに息をつける静穏な広がりがあります。峨々たる山も静かです。

ある意味で若冲の「凄さ」が際立った展覧会でした。観客の関心も、世の評判も、おおむね若冲に集中していたようです。にもかかわらず当方には、蕪村の「良さ」が強く印象づけられた展覧会でした。それは圧倒的ともいえる経験でした。

一生を京都のど真ん中で独身暮らし、青物問屋の後継ぎを四十歳で放り出した後は、ほとんど密室的環境で絵事にのめりこんだのが若冲です。金にも困らなかったらしい。

対して摂津生まれの蕪村は、江戸で俳諧の人となり、諸国を遊歴してさまざまな人間と交わります。傍ら中国画を独習し、ようやく四十を過ぎて京都に定住後は妻を迎え子をもうけ、生活のために絵を売るという、世俗にまみれた環境で絵事と文芸に励みます。金の無心や画料催促の手紙類が幾つも残ります。

若冲の場合は、現代にも通じる色彩と形態による純造形的な新しさ、絵画性自体の魅力です。画面は空気すら締め出して緊張感を張りめぐらしています。

対して蕪村の絵は、一言でいえば「人心地」のつく空間です。たとえば晩年に集中する代表作の中でも名高い「夜色楼台図」には、雪に降りこめられる京の家々の屋根の下に、明らかに、うずくまる人間のぬくもりが描きこまれている。若冲のような完璧に統制された筆とは異なる、なめらかとは言い難い筆から、むしろ深い詩情は湧いて出ます。

昨年の展覧会の際、美術批評家の峯村敏明さんは、月刊「いけ花龍生」誌上で「困ったことに私の中では蕪村の方が段違いに上位なのだ」と述べて、こちらを驚かせてくれました。蕪村の筆に「一筆ごとに確かめながら前進するかのごとき探求者の息遣い」を見、「蕪村は遅いのである」と喝破したのです。

日ごろは現代美術を扱う批評家の、新鮮な目がとらえた一核心です。蕪村は晩成の人であり、筆もまた先走りすることはなかった。彼の筆は彼の想念と歩調をあわせて、一歩一歩進んでいった。そういう「世界との濃密な接触感」が、蕪村の絵ではないのか——と。目のさめるような指摘でした。

いかなる熱狂からも遠い蕪村の世界を、かつて比較文化史の芳賀徹氏が「漢方薬のような鎮痛、鎮静の効能」と評していたことを思い出します。

現代人のセンスにふさわしいのは若冲ですが、現代人の胸を鎮め、頭の風通しをよくしてくれるのは蕪村です。一色に染まることはありません。

（7・23）

笛吹き男は生きている

街のあちこちにひそむという架空の生き物を求めて、膨大な数の人間が捕獲器を手に一斉に外を歩き回っています。

ひと月前、テレビのニュースに初めて映し出されたその光景は、驚くべきものでした。現実の風景とゲームの画面を融合させた拡張現実（変な言葉です）という技術への、驚きと称賛があります。あるいは、まさに現実と虚構の区別がつかなくなった行動、前後の見境ない無神経な振る舞いへの、驚きと憤りがあります。ついには交通死亡事故も起きました。

当方の驚きは、もっと素朴なものです。人間はこれほど簡単に、やすやすと、何かに操られてしまうものか、これほど無防備に、疑いもせず、一斉にはまってしまうものか、という驚きです。その薄気味悪さです。

海外で大きな話題になり、日本にも来るぞ、同じことが起きるぞ、と騒ぐうちにたちまち上陸して予想された通りの一斉行動と危惧された通りのトラブルがいともあっさり再現されていった。

歯止めもなく。

思い出す光景があります。四十年前に読んだドイツ中世史の阿部謹也著『ハーメルンの笛吹き男』(平凡社、現ちくま文庫)の挿図——正体不明の男の吹く笛の音に誘い出されてどこかへ消えた百三十人の子供らの、一斉行動の姿です。七百年昔の物語の真相と背景は当の本に譲りますが、笛一本で多くの人間を操る手口は歴史とともに古いのです。

「誘導」ということの危うさをこそ、考えるべきではないのか。その問題を論じていたのは、目にした範囲では今月二日のこの解説面(東京版)、武田徹氏のインタビュー記事ぐらいでした。人集め、金集めの経済効果を認めつつ、氏は「だがそれはもろ刃の剣でもある」と、いみじくも指摘しています。

話は変わります。夏のあいだ、『プロパガンダ・ポスターにみる日本の戦争』(勉誠出版)という新刊を机上に置いて、図版を眺め解説を読んでいました。青梅市立美術館の田島奈都子さんが、長野県阿智村に現存する戦時中のプロパガンダ(宣伝)ポスターを分類し、背景を読み解いて、国策宣伝の一端を明らかにしたものです。

戦前の商業デザインを専門にする学芸員の田島さんが、阿智村ポスター群の存在を知ったのは七年ほど前のことです。本来残っているはずのないものが、村を訪ねてみると百二十一種、百三十五点もあった。戦時期の村長だった人の家に保管されていたものでした。

満州事変勃発から敗戦までの間、国や軍や公的機関が発行して全国津々浦々に貼り出した宣伝ポスターは二千種を下るまいと、田島さんは推定します。

宣伝、すなわち意図する方向へ人々の関心を誘導し、駆り立てていく手段。この場合は、戦争勝利という唯一の目的に向かって思想と行動を統制する役割を負った、政治的メディアとしてのポスターです。

当然、戦争が終われば厄介な代物です。松本市文書館には、地方事務所から旧今井村にあてた焼却処分命令書が残り、この命令書も焼却せよと命じています。国策推進の証拠物件は、そうして多くが失われます。

しかし旧会地村（阿智村）の村長は、手元のポスターを油紙で包み、自宅土蔵の梁裏に隠し続けた。戦争末期、国策に応じて村民百七十二人を満蒙開拓に送り出し、その八割を死なせた村です。村長として国策宣伝を信じて行動し、結局だまされていたことを知って、初めてそこで立ち止まり、自分の頭で考えたのです。

痛恨の思いとともに。後世にこのことを伝えようと。

田島さんが分類したポスターの内容は、兵の募集、労働力の確保、戦費調達、節約と供出など多岐にわたります。中でも多いのは戦時債券の発売と貯蓄に関わるもので、戦争継続のため国があの手この手で民から金を吸い上げようとしていた様子がうかがえます。敗戦で債券のすべてが紙屑になったことは周知の事実です。

デザインとして見れば「一般の商業ポスターよりアイデアも形式も多彩で面白い。特に初期のものは」（田島さん）。それが次第に枯渇していく一方、強い言葉をともなった扇動的な表現が増えていきます。

「行け！　銃後の戦線　重工業へ」「往け若人！　北満の沃野へ‼」「断じて三六〇億を貯蓄せむ」「戦場に活かせ銃後の鉄と銅」――言葉と図柄の背後から、一つ方向へと熱狂し破滅していった時代のざわめきが、立ちのぼってきます。

窮乏する民の生活空間は、こうしたスローガンに取り囲まれていた。「町の中で、駅で、学校で、繰り返し見せられ、刻みこまれ、それが正義であり、真実であると信じこまされていった。洗脳ということですね」

ポスターは人々の生きた環境そのものです。それがタイムカプセルのように封印を解かれ、現在によみがえった。遠い過去の記憶ではない、今も存在する鮮度の高い現実です。（8・27）

無名を愛し　有名を恥じ

好きな話の一つです。

表通りで繁盛していた評判の店が、あるとき、そこを畳んで移ることになった。そうか、もっといい場所で、商売を広げようというわけか。誰もがそう思って次なる展開に期待を寄せたのに、なぜか店は裏通りに引っこんで、構えも小さくしてしまった。

何があったのか。あんなに、はやっていたのに——という問いに、店のあるじは「大きくなりすぎた。目が行き届かなくなって、自分の商売ではなくなってしまった」と答えたとか。ラジオで聴いた永六輔さんの話だったと思います。店主の言葉を急ぎ書きとめておいたメモをなくしてしまったので、せりふは正確ではありません。

世の期待とは全く逆方向の行動に出たこの店主に、永さんは多分脱帽したのです。それは単に片意地を張るおやじの奇行ではなく、永さん自身が生き方の一理想とした職人的な価値観、世界観の、見事な実践になっていたからです。

商売が少しうまく行くと、すぐ支店を出したがる。もうけを大きくしたがる。「もっと、もっと」の拡張志向は、経済効率最優先の現代において誰も疑わぬ価値観でしょう。でもそうではない。自分の目の届かぬもの、納得の行かぬものを、売れるからといって世に出すなど、もってのほか――という考え方もあるのです。

どちらが良い悪いではない、どちらの行き方をするかです。店のおやじには、もうけること、名声を得ることよりも優先すべき価値があった。そこを永さんは語ったはずです。

一度だけ、永六輔さんを取材させてもらおうと思い立ったことがあります。二十年前、岩波新書の『職人』が刊行された時です。結局、担当する美術の連載企画で当方身動きがとれず、機会を逃しました。

七月に永さんが亡くなって以降、多くのメディアで彼の人間像と功績が語られてきました。加えて、心からの喝采を送りたいのは、職人的価値観を自らの根底に置き、職人の生を通して現代人の顧みなくなった大切なものを照らし続けた、その一貫した言動に対してです。

職人的価値世界とはどういうものか。『職人』のなかで職人自身が語っています。永さんが旅先で集めたものです。「余計に儲けなくたっていい……向上心がないのとはちがう……欲がないだけのことさ」。沖縄の大工です。仕事はもうけのためではないと言っている。

「職人は自分の仕事以外で気を使わないものです」。目ざすは作るものの品位の高さのみ。あとは静かに、平凡に暮らせばいい。おべんちゃらも、立ち回りも不要。「人間、いやしいか、いやしくないかです」

その先に「私ァ、名もない職人です。売るために品物をこしらえたことはありません。えェ、こしらえたものがありがたいことに売れるんでさァ」という境地がある。上等な人生です。

職人の言葉は、平易な言い回しのなかに真理を突くものがある、と永さんは考えます。つまり批評性がある。「名声とか金は歩いたあとからついてくるものだった。名声と金が欲しくて歩いている奴が増えてますねェ」。まさに現代の世相批判です。

「若いデザイナーが、いまごろになって、江戸のデザインはモダンだなんて言っている……そんなこと、いまさら言って、喰えたりするんですからね」。ネタ探しに忙しい現代の「表現者」たちを、皮肉っています。

尺貫法をめぐる闘いについても、書いておくべきでしょう。計量単位がメートル法に統一され、職人仕事の土台をなす尺貫法が禁じられた時の永さんの抵抗は、すさまじいものでした。世の中に尺寸でできているものはいくらでもあるのに、一律禁止はおかしい。併用すればいいじゃないか――そう言って曲尺《かねじゃく》、鯨尺を密造し、売りまくった。小沢昭一さんの協力で芝居も作った。それでも足りない。あちこちの警察に出頭して、僕は犯罪人だ、逮捕してくれと迫った。半分ジョークにしても、官憲の側は立ち往生です。結局どこも逮捕してくれず、曲尺、鯨尺は黙認ということになった。古いものを根こそぎにしないと気の済まぬ社会の、底の浅さを暴いてみせたのです。何の特権も持たぬ民が権力に立ち向かう一つの方法として、シャレのめす、笑いのめすことで実質勝利を得る道があることも、示してくれました。

永さんには『大往生』という大ベストセラーがありますが、一番書きたかったのは『職人』だったと、自ら語っています。浅草の寺に生まれ、下町の民のあいだで育った人です。無名に徹して黙々と生きる人々こそが社会を支えている、その現実が見えていたのだと思います。

彼自身は有名人になってしまったけれど、親しい人には「自分が有名人であることを恥じていた」（矢崎泰久氏）と映っていた。それが事実でしょう。

（9・24）

生きたいように　描きたいように

『徒然草』の第百十二段に「日暮れ、塗《みち》遠し。吾が生既に蹉跎《さだ》たり。諸縁を放下《ほうげ》すべき時なり」という一節があります。

「蹉跎」は、つまずく、思うように進まない、の意。これを「おれの人生は大体ケリがついた。これからはもう世間のために生きるのはやめて、自分一個のために生きよう」と解して自分の行動原理にしたのは、作家の中野孝次氏でした。

全く同じ箇所を「一生の短さと、そのかけ替えのなさを、身にしみて知った人の言葉であろう」と読んで「明日なき生こそ人生」と思い定めたのは、歌人の上田三四二《みよじ》氏でした。

役人をやめて出家した兼好が徒然草を書いたのは四十八、九歳のころ。中野氏は定年に十五年を残して五十五歳で大学教授をやめ、上田氏は五十一歳で国立病院医師の職を捨てます。

昔と今では年齢の尺度も異なりますが、いずれも、人の命のはかなさを意識することによって表舞台から退き、代わりに筆一本の自由を手にした。肝心なのは、そこから彼らの本領が発揮され始めたことです。

兼好は、むろん徒然草を書いた。中野氏は、人間の精神遺産としての東西の古典に分け入り、晩年の十年で五十数冊の本を書いた。上田氏は六十代半ばで病に倒れますが、生命の危機を正面に見据えつつ、自らの心身の底をのぞきこむような散文の名品を残します。

身を引き、市隠に徹することで、おのれ一人の関心に、楽しみに、時間を使うことができた。世のあらゆる規制や規範から自由だった。その軽やかな境遇、のびやかな精神の働きが、人間への贈り物というべき豊かな作物を生み出していったのは、何だか逆説めいて愉快です。

年齢の話など持ち出したのも、十年ぶりに見る浦上玉堂の作品群に改めて圧倒されたからです。江戸画人として当方の好む久隅守景、与謝蕪村のことはすでにこのコラムに書きましたが、それをも凌ぐ日本絵画史上の最も魅力的な存在です。

もとは備中鴨方藩で藩主の側近を務め、大目付にまでなった武士です。ある時、武家として築いたすべてを投げ出し、一介の画人また琴《きん》の奏者として諸国を遍歴して歩いた男です。

先日、岡山県立美術館で開催中の「浦上玉堂と春琴・秋琴父子の芸術」という展覧会を見ていて、彼の脱藩が五十歳の時だったことに思い至り、いささか心動かされました。知っていたけれど、考えたことがなかった。

藩士としても、それなりに有能だったはずです。一方で学問芸術を好み、中国文人の愛した七絃琴を偏愛して公務の合間に琴士の修業を積みます。譜を書き、琴を自作し、詩を詠じるうちに「文人」への憧れは抑え難いものになっていきます。仕事の方は、気もそぞろ。

妻に先立たれ、長男春琴と次男秋琴を連れて藩を抜けた時、玉堂の人生にまだ「画」はほとんど登場していません。社会的存在であることをやめたのち、六十代になって彼の傑作山水は次々に生まれてきます。

玉堂には、在職中から築いた文化人脈がありました。各地に知己を訪ねては文人として遇され、食客となり、少しの酒に酔っては琴を弾じ、求めに応じて絵筆をとった。パフォーマンスの趣（美術史家小林忠氏）という見方もあります。ただ組織をはぐれ出たのではない、自分の力でやっていける見通しをもった上での行動、というわけです。

岡山県立美術館は玉堂生誕の地に立つゆかりの美術館です。

畳一枚ほどもある大作山水の並ぶ一角に、吸い寄せられました。山麓から山頂へ、前景から後景へ、下から上へ、風景が積み重なり上昇していく玉堂得意の構図です。

おそらく描くうちにどんどん興が湧き、乗りに乗っているのです。本人にすら予想もつかぬ展開が、あったかもしれない。玉堂画に頻出する陽根を思わせる山容も、その対比物らしき川や谷も、そうした勢いの内側から一気に形となって現れた陰陽表現に見えます。

たっぷり水気を含む墨の生命感と、擦れつつ交錯する線の運動感が、自然の物音や空気の感触を内側に畳みこんでマグマのようにうごめきます。

玉堂はあらかじめ画題を決めて臨んだともいわれますが、むしろ心の動きのまま、「おれはこう描きたいからこう描いたんだ」という声でも聞こえてきそうな世界です。琴も詩も、規格を外れていた。彼は琴士たるを恥じ、詩人たるを恥じ、画人たるを恥じた。職業ではない、あくまでも文人境に遊ぶ、自分に対して率直な、「自娯」のための時間を生涯にわたり生きたのです。

今回の展覧会（千葉市美術館に巡回）は、京の人気画家となった春琴、会津藩の雅楽方頭取となった秋琴の事績も合わせて紹介しています。玉堂は晩年、京都に定住し、自分よりはるかに名高い春琴のもとで悠々の日を送ります。

思えば幸せな老人がこの国にいたものです。

（10・22）

現代作家、「土地」にめぐりあう

昔、油彩の実力者といわれた画家をアトリエに訪ねたときのことです。取材が済むと、彼は「見てもらいたいものがあるんだ」と言って、廊下の奥の暗い部屋へこちらを導きました。電気をつけた瞬間、目に飛びこんできたのは、八畳ほどの畳部屋いっぱいに詰めこまれた無数のキャンバスです。「どうしたんですか、これ」

「いや、これはみな私の代表作なんです。秋の展覧会に出す大作は売れるもんじゃなし、こうやって全部とってあるんだ」「でももう年だしね。これをどうすればいいか、行き場所が決まらないと死んでも死にきれない。いい知恵はないですか」

彼は八十を幾つか出ていたはずです。東京で生まれ育ち、二十歳のとき信州蓼科《たてしな》に写生に出かけるまで他の土地を知らなかった。以後、山を主題に抽象度の高い心象風景を展開し、地味ながら確かな評価を築きます。地方出身者のような「地元」との縁は、彼にはなかった。帰るべき土地はありません。

「特定の対象ではない、心象としての山を描いてこられたけれど、イメージの原型はあるでしょう。それは初めて見た信州の山、日本の山岳地帯の山ではないですか」。そういうつながり方もありますよ、と素朴な感想を述べた記憶はあります。「そうか、そういうつながりも有りか」と表情を少しくずした彼が、その後どんな筋に働きかけたかは知りません。

何年かたって、新設の松本市美術館から開館案内が届き、彼の記念展示室が設けられたことを知って、感慨に浸りました。そこには「信州の山、高原をこよなく愛した洋画家田村一男の寄贈による」と、作品収蔵の由来が記されていたからです。

作家は外の世界にはばたこうとします。作品はおのずから普遍性を求め、土地を離れ境界を越えて広い空間へ出て行こうとします。創造行為に携わる多くの人が、その夢もしくは幻想を制作の力としてきたはずです。とりわけ近代においては。

それはしかし物事の半面にすぎません。普遍性を夢見る旺盛な制作の先にあるのは、作品の「行く末」という現実問題です。多量の作品を抱え、つながる土地もなく途方に暮れる優れた作家を、何人も見てきました。

世界を股にかけた岡本太郎の美術館、記念館は、彼が生まれた川崎市、育った東京青山にあります。広い空間を生きた人ですが、むしろ彼にとって歴史的（時間的）意味のある土地こそが、帰るべき場所だった。

人間一個を最終的に救うのは、近代がもてはやしてきた価値とは異なるもの、もっとローカルなものだという気がします。

今月半ば、長崎県諫早《いさはや》市の諫早図書館で「吉永裕・里帰り展」というささやかな展覧会が開かれました。二〇〇七年二月のこのコラムで紹介した、「和紙にパステル」の豊潤な色彩世界を展開する現代美術家です。日本とアメリカを中心にヨーロッパ、韓国、メキシコなどで発表を続け受賞歴も豊富なこの国際派を、出身地諫早の高校時代の同級生たちが「郷里に紹介しよう」と手さぐりで準備を進め、実現させた展観です。

画家を志し十八歳で上京してからの半世紀の歩みは「模索と漂流」だったと、吉本さんは言います。油彩から現代美術に転じ、その最先端に触れるためアメリカで暮らし、それでも飽きたらぬものを覚えて帰り、たまたま訪れた細川紙の里で和紙の魅力にとりつかれます。

厳寒の季節、漉《す》きあがった和紙が重ねられる紙床が乳濁色に輝き立ち、端からつららが幾本も下がっている。その清浄きわまりない光景が出発点となったことは、前にも書きました。

和紙を幾重にも折り畳み、その升目ごとにパステルの色を擦りこんでいって最後に開く、という独特の手法から、和紙に一体化した色彩が光となってあふれる華麗な世界が現れます。和紙千二百年の歴史と現代の葛藤から生まれた造形です。

東京の個展で吉永作品を見てきた諫早高校時代の同級生月川憲次さん（元東京都勤務）は、「彼の作品を、ふる里で見たいと思った。皆に見せたかった」と言います。昨年から行動を起こし、同志を募って委員十人を決め、それぞれが家族や友人知人に声をかけてたちまち二百人超の賛同者を集めます。

図書館の展示ホールに、大作十点のほか地元の湯江和紙を使った新作など計十七点が並びました。八日間の来場者八百人、現代作家の個展として異例というべき盛況です。

長く郷里へ足を向けることのなかった吉永さんは「故郷は遠かった。自分の作品が受け入れられるとも思えなかった」と言います。「でも人が来てくれた。行き来のなかった同級生も助けてくれた」「こんなことがあるのかという驚きと、すがすがしさが今はあります」「抽象表現への抵抗もなく、みな素直に見てくれた。東京の個展ではなかったことです」

「土地」での初めての経験、発見は、いずれ深く沈んで新たな制作への力となるはずです。

（11・26）

純粋正統放浪派マドリに逝く

生きているうちは名を馳せても、死とともに忘れられていく人は少なくありません。むしろそれが普通かもしれない。まれには、死後に真価があらわれる人もいます。自分を売りこんだり、大きく見せたりすることに興味のない、慎み深い人だったのでしょう。

棺を蓋《おお》いて事定まる、と昔の詩人は言いました。生身の人間の評価は、難しい。自分で自分を持ち上げたがる人間も多い。自分の評価に興味のない人間もいる。時の経過に任せるしかない。千二百年前の詩の言葉は、今も人間の現実を突いています。

年末近く、自分と同い年の一人の死が、これほど身にこたえるとは、思いもしませんでした。彼こそ「躍動する生」そのもののような人だったのです。

本紙の読者なら、堀越千秋というスペイン在住の画家の名をご記憶かもしれません。当方、この三十年の間に何度も自分の連載で取り上げ、文化欄に文章をもらい、絵と文による日曜版の連載「赤土色のスペイン」は、二年の間読者を熱狂させせました。

夕刊でも絵と文の自伝を二年、文字をテーマにした絵を五年、連載してもらいました。絵も文もたちどころ、桁外れの才能と行動力の人でした。

でした、と過去形で書かねばならぬのが無念です。十月三十一日、彼はマドリードの病院で、数日後には六十八歳になる生涯を閉じました。

堀越千秋は、日本の美術を底のところで面白くしてきた非定住派（すなわち放浪）画家の、正系につらなる傑物です。

敗戦から三年、東京のど真ん中に生まれてみたら、父はシベリア帰りの油絵かき、祖父も日本画の絵かきだった。自ら絵を描くことを運命づけられた環境に耐え、東京芸大油画科の大学院を出るとスペイン政府給費生となってさっさと日本を離れ、マドリードに住みつきます。

芸大時代、彼は美術の動向や他人の作品には関心を示さず、美術解剖学を講じる三木成夫の思想に強い影響を受けます。人間一個の存在の内に三十数億年の生命の記憶を、そのリズムを、その孤独を、探り出していく感覚を三木の「生命形態学」から受けとったのです。

小学一年の時の記憶を、本紙の連載で語っています。夏休み、母親に言われて学校のプールに嫌々出かけたら、一年生は自分一人だった。家に帰ってふくれていると、「ほう、それは偉い。たった一人、というのが偉いんだ」と父親が言いました。「たった一人――霧が晴れたように、ぼくの中にひとつの音楽が流れ出した。それは今も鳴っている」と。

宇宙の中にただ独り。それを全身で感じていたから、誰とでも隔てなく接し、いつも人なつこく豪快に笑っていたのです。

彼とはいろいろな温泉を巡りました。秋田の玉川温泉につかっていた時、真っ赤になった自分の胸を指して「絵ってのはね、芥川さん、ここで描くもんですよ。世界はそこにある。おれはここにいる。そのぶつかった印が紙の上に出る。そこに現れるものに自分で驚き、心を躍らすんです」と語ったせりふを忘れません。

年に何度か帰国して埼玉山中の古い借家で描き、窯を築いて焼き物を作ります。各地で個展を開き、ファンと交わり、フラメンコの唄で喝采を浴びます。行く先々に人は集まった。すべては祭りであり、うたげだった。あの蕪村も玉堂も、移動する先々が知己の集う文芸や書画や音楽の場となった。人の世の濃い時間が流れていた。堀越千秋の「正系」たるゆえんです。

当然ながら自分の評価のためには何もしなかった。作品もほとんど散逸に近い状態です。

彼の世界は具象も抽象も含め色彩豊かですが、基本は躍動する線、瞬発力にみちた線です。福岡の展覧会場で、巨大な壁面にわずか九分で墨線画を描ききる姿を見たことがあります。

漢画を思わせる健剛な線、女体を描く繊細にして官能的な線。天性の表現力をあらわす速度のうちに、「人間が絵を描く」ことの始まりを見るような新鮮さがありました。

ちょうど一年前、堀越さんは末期のがんで余命半年を告げられますが、治療は断り自然食と平常心で日々を過ごします。

虫の知らせか、数年前から画集を作ることには熱意を示し、小学館版の武満徹全集で装画を描いた時の編集長大原哲夫氏に託していました。すでに作業は始まり、大作七十点を新潟県内で確認するなど調査が進められています。ネットを通じて募集中の基金も、現時点で賛同者二百数十人に達しました。

「この広がりは驚きです。作品の追跡は大変ですが、放浪派の巨匠だし、人間がきれいでしたからね、何とか足跡を明らかにしたい」と大原さんは言います。

「早死にというより、エネルギーを惜しみなく使って、使い切ったということ。寿命を目いっぱいに生きた。我々の前では信じ難いほどにこやかだった。彼の美意識です、この潔さは」と語るのは、最も古い友人だった詩人小川英晴さんです。

棺を蓋ってのち、定まってくるものがあるはずです。

（12・24）

二〇一七年

〈巣 2〉

又兵衛に投げとばされる

前回書いたスペイン在住画家堀越千秋さんのお別れの会が、先週、東京で開かれました。駐日スペイン大使や作家逢坂剛さんら多彩な友人知己の弔詞に続いて、親しかったフラメンコの踊り手や歌い手による入魂の追悼公演がありました。彼は本場仕込みの「渋好み純粋正統」を名乗る、フラメンコの歌の名手でもあったのです。

「うたげの人」を送るにふさわしい歌と踊りのエネルギーに圧倒されつつ、以前堀越さんが語った雪舟の話をぼんやり思い出していました。雪舟の大展覧会が京都と東京で開かれた時、彼はスペインから京都の会場に駆けつけます。そして雪舟の絵に「投げとばされた」。

曰《いわ》く、画家はものの実体を表そうと、三次元空間を圧縮して二次元の平面に押しこめる。空間が画家の力でゆがむ。ものすごいエネルギーを要する。だが画家の力は、画家という人間を通して現れる宇宙の力である。万物は回転しながら宇宙のどこかへ猛スピードで移動している。それを外から眺めればらせんだ。らせんだからこそ、ゆがむ。それが自然なのだ――。

雪舟の絵にらせんを感じる、雪舟の絵は破れている、と堀越さんは言いました。それは人間的に言えば静かな怒りのような圧力だ、と。

論理ではない、自分で絵を描く人の直観と飛躍にみちたその話が面白く、日曜版で連載中だった「赤土色のスペイン」に、そっくり書いてもらいました。描くとは空間にみちるエネルギーを体でつかみとって平面上に放つことだという、ある明快な絵画観が伝わってきます。雪舟はむろん、堀越千秋もまた。

なのに日本人は、ゆがまないのがうまい絵だと思っている。高価な岩絵の具などで、美しく整っているのがいいと信じている。何のことはない、きれいに磨かれた墓石がお好みなのだ。水でもかけてろ――そんな捨てぜりふも残してくれました。

本職の画家を投げとばしたのは雪舟ですが、素人の当方が最近投げとばされそうになったのは岩佐又兵衛です。

江戸時代、きわめて個性的で奇矯ともいえる絵の世界を築いた一群の画家を「奇想の画家」などと最近は呼びます。もとは浮世絵研究家の鈴木重三氏が国芳に使った「奇想」という言葉をヒントに、美術史家の辻惟雄《のぶお》氏が半世紀前の著書『奇想の系譜』で論じた六人に冠した呼称。国芳をはじめ若冲、蕭白ら今ではおなじみの面々です。

岩佐又兵衛（一五七八―一六五〇）は、中で最も光の当たること少なかった存在です。来歴に不明の点が多く、真筆をめぐる問題も少なくなかった。他の画家のような一目で分かる奇天烈《きてれつ》さもない。しかしよく見るうちに、「何だこれは……」という図像の不思議が浮上して異様な空間に引きずりこまれるのです。

東京の出光美術館で開かれている「岩佐又兵衛と源氏絵」展には、古典的主題を扱うことの多かった彼の「源氏絵」が並びます。優美で繊細な筆をもって、端正でみやびな物語世界を誠実に表していくべき、様式美の世界です、本来。

しかし又兵衛の源氏絵は、どこかヘンです。物語の本文に忠実な場面設定ではない。しかも場面全体を描くのではなく、中の一点に目を据えてそこをエピソード風に仕立てる。豊かな頬と長い下顎をもつ人物の顔は、上品というより卑俗に近い。やまと絵の伝統を装いつつ、そこに俗を点じて喜んでいるかのようです。

熱海のMOA美術館で折々に公開される「山中常盤」は、牛若伝説を主題とする人殺しと復讐の酸鼻な物語。全長百五十メートルもの極彩色絵巻です。お伽草子系の物語空間が、ここではケバケバしい原色とゆがみにみちた生々しい人間の動きの活写で、大きなエネルギーの渦巻く現実空間に接近しています。

岩佐又兵衛は戦国武将荒木村重の子に生まれ、村重が主君の織田信長に背いて一族皆殺しにあった惨劇を、そのとき乳飲み子だったゆえに生きのびた人物です。母も二十一歳で殺されています。武士にはならず、諸派を学び京都で絵かきとして立った。のち福井へ移り、六十歳のとき将軍家光の招きで江戸へ出ています。菱川師宣に先立つ浮世絵の元祖ともいわれます。

近年、世の又兵衛好き（時々います）にとって朗報がありました。数多い洛中洛外図のうち最も精彩ある人間表現で知られる舟木本（東京国立博物館蔵）が、又兵衛作として専門諸家の意見一致をみたのです。

政治的な意味をもつこともあった洛中洛外図の定型の底に、聖俗入り乱れてあらゆる階層の人間が折り重なるように描きこまれ、ざわめきを発します。その輪郭を表す、うねるような勢いのある線と形態は、意図的に作られたスタイルというより、抑えがたく画家の内から噴出するもののかたちとみえます。

岩佐又兵衛の絵では、世の高貴なるものも聖なるものも、地に引きずりおろされて形無しです。それが人間の本当の姿であることを宿命的に知っていた人、怒りをもって認識していた人なのかもしれません。

（1・28）

絵をかく人の鮮度

「絵をかく人」の前に広がるのは、白い紙、まっさらなキャンバス——何かが始まる前の空白の領域です。

絵をかく人とは、つまり、空白に向きあって生きてきた人間のことです。しかしそれだけでは何も始まらない。その荒涼とした広がりに向かい、何ごとか思念を凝らし、何ごとか目論《もくろ》んで、そこに形あるものを築こうとしてきた。強靱な神経を要する仕事です。自、分、に、見、え、て、く、る世界を語るという意味では、哲学的な営為といえなくもない。

他の美術のかたちに比べても絵画は簡易な成り立ちであり、基本的に二次元の平面世界に線や色彩の跡を残していくだけのものです。種も仕掛けもない。その単純さから、古今東西、豊穣きわまりない造形が生まれてきました。

たとえば白い紙にためらうように置かれた一本の線。単なる小さな線分にすぎない痕跡であれ「それはすでに生きはじめているのだ」と、現代画家宇佐美圭司は言いました。絵をかく人とは、線が肉体をもつことを知る人、線一本に身を投入することができる人のことです。

当方、長年の美術取材で多くの美術家に接してきましたが、そのなかで強烈に、まざまざと、「絵をかく人」であることを思い知らせてくれた一人に、油彩画家木村忠太（一九一七―八七）がいます。

四国の高松に生まれ、独立展をへて三十六歳で妻とともにフランスに渡ります。以後、晩年に二週間訪れた以外は全く日本の土を踏むことなく、パリと南仏のアトリエで制作の日々を送った人です。近代以降、油彩を志す者はひたすらパリをめざし、西欧の潮流に棹さすか、学んだ様式をもち帰って時代の先端を気取ってみせたわけですが、木村の滞欧は、そうしたどの先人とも異なる独特のものでした。


今日でちょうど生誕百年になります。高崎市美術館で開かれている記念の木村忠太展を見ながら、木村の世界について思いめぐらしました。会場に足を踏み入れた多くの人は、並ぶ作品の明るさに驚くはずです。特定の色彩の明度が高いというより、色と色の間から、画面の底から、光がにじみ出るような「あまねく浸透する光」の輝かしさです。

画面の上をおどるように這う線と、背後にゆらめく形態とのもつれあい、からみあいも、木村作品の特徴です。一見抽象風の自在な画面ですが、そこにははっきり自然が見えている。限度まで風景を解体して画家の目のなかで再構成される過程で、自然が人間の感官に働きかけるあらゆる要素――色や形や音が、風や光や空気の流れが、木々の影が、草むらの匂いが、渾然と溶けあうように入りこんできます。人間にとっての確かな経験的世界です。

ボナールの光の表現に魅せられていた木村ですが、西欧の動向を追うことも様式を模すこともなく、郷里を思わせる南仏の光の命ずるまま、世界の隅々に染みわたるその様相を描いた。そこに生きる人の生の輝かしさを、内面の高揚を、描いた。

その昔、夏目漱石は、西洋が自らの内なる要求で近代化を進めたのに対し、日本の場合はそこに追いつくための「外発的」な開化、皮相上滑りの開化であり、事実やむを得ない――と語りました。苦渋にみちた、しかし冷静な認識です。

展覧会場で、木村が開拓した光の表現に心地よく浸りつつ、唐突にその言葉が頭をよぎりました。つまり木村忠太は、あくまでも「自分の側から始まるもの」を見ようとしていた画家だということです。

三十四年前の春浅いころ、モンパルナスのアトリエを訪ねた時の記憶がよみがえります。藤田嗣治夫人から譲り受けた部屋には、絵の具、筆、パレット、イーゼル、無数のキャンバス、おびただしく飛び散った絵の具のシミ、拭くためのボロ布、新聞紙、それのみ。描くことに関係のないものは何一つない、見事に殺風景な、戦闘的というべき空間でした。

描きかけの作品が五十枚あまり。日々、その半数近くに筆が入り、少しずつ描き改められます。

空白に向かい、徐々に空白が埋まっていく時間を生きてきた人は、饒舌でした。

「僕は魂に焼きついた光の感動を描いているんだ」「人間には自然が必要だ。自然の側に踏みとどまるしかない」「だが西欧人は自然と対決するしか方法をもたない。それで行き詰まった。その先ができるのは東洋人だけだ」。ほとんど二時間近く、彼の信仰告白にも似た話は続きました。

七十歳の夏に急逝するまでの三十四年間、日常の一切は奥さんにゆだね、フランス語を話さず、人の間を泳ぎ回る術も身につけず、ただ仕事の「質」だけを考えて生きた。パリのアトリエと、南仏の庭は、そのための集中と沈潜の時間をもたらす、彼の全世界でした。

死の直前の作品は、濡れたようにみずみずしい光のなかに初夏のイメージが息づいて、驚くほどの純度に達しています。

日本の近代にも、皮相上滑りのない行き方はあったようです。

（2・25）

浪もてゆへる秋津しま

画家でもあった蕪村の句には強い映像性をもつものが少なくありません。なかで異彩を放つ〈稲づまや浪もてゆへる秋津しま〉という一句があります。

闇のなかに一閃、稲妻が走って、その下に日本列島の影が浮かびあがる。周囲には波が寄せて、垣を結いめぐらしたように島を白く縁どっている。

一瞬ののち、島は再び闇に没し、小さな島の形をした白波のうねりが残像となって、音もなくうごめいている。そんな光景が見えてきます。

句の放つ異彩とは、何よりも作者の目が数百キロの上空にあって、そこから地球を見おろしている点にあります。二百五十年前に、蕪村の目は宇宙空間を泳いでいた。彼の名句かどうか知りませんが、最も短い詩形が獲得した最も広大な空間がここにあることは確かです。

昔の人々にとって、稲妻は稲穂を実らせる霊力のあるものだったといいます。蕪村の目は、稲光の走る国土が黄金の穂で埋まる、実りの風景を見ていたのかもしれない。

だが別のものも見えてくる。高い垣をなす白波に囲まれ翻弄される日本列島の、ある宿命的な「困難さ」のようなものです。波と闘いつつ健気に生きる民の、気配のようなものです。

　高度をぐんと下げ、白波のざわめくあたりに目を凝らすと、人間の動きが小さく確認できます。いま見ようとするのは、波にもまれ、波を越え、閉じた空間の外側へと漂い出た人々――漂流民の軌跡です。


　ユーラシア大陸の東の端にぶらさがるように弧をなす島、その背後は果て知れぬ大海という瀬戸際の島にあって、航海は日常であり漂流は避けがたい非常でした。古来、数知れぬ航海者が方向を失って漂流し、海の藻屑となってきたはずです。

　奇跡的な生還者が、わずかにいた。さらに少数の、記録を残し得た者がいた。先日まで国立公文書館で開かれた「漂流ものがたり」展には、江戸時代を中心にロシア、中国、ベトナム、米国などへ漂流した人々の、数奇というべき運命の記録が紹介されていました。

　わが愛読する『北槎聞略《ほくさぶんりゃく》』の原本も展示されていると知って会場に駆けつけたのは、会期も終了間際でした。大黒屋光太夫ロシア漂流記、の別名でも知られる、十八世紀末成立の膨大な文書と絵図です。

　天明二年（一七八二）十二月、米や木綿を積んで伊勢から江戸へ向かった神昌丸は遠州灘で大時化《しけ》に遭って舵と帆柱を失い、七か月間漂流してアリューシャン列島の島に漂着します。そこからロシア本土のカムチャッカ、イルクーツクをへてペテルブルクに至り、女帝エカテリーナ二世の許しを得て帰国するまで十年の歳月を要します。

船頭の光太夫以下十七人の乗組員は飢えや寒さで次々に命を落とし、ロシアにとどまった二人を除いて江戸まで生き残ったのは、光太夫と最年少の磯吉のみ。記録は、将軍家斉の命で蘭学者桂川甫周《ほしゅう》が彼らから聴きとりまとめた、漂流の物語と「現代ロシア事情」です。

極寒の地の、死と隣りあわせの過酷きわまりない環境下で、光太夫らが学びとり日本に持ち帰った見聞の量と質は、驚くべきものがあります。

広大な未知の国の地理、気候風土、皇帝の系譜、官制、周辺民族事情、社会一般のシステム、日常生活の細部、学校制度、年中行事、日常言語に至るまで、およそロシアに関わる一切を網羅する「一種の百科事典的な学術書」(民族学者加藤九祚氏)の観を呈します。

数百語に及ぶロシア語の単語一覧には、難しい発音を懸命に聴きとって日本語で表記しようとした格闘の跡が残ります。

展示には「韃靼《だったん》漂流記」「台湾漂流記」「環海異聞」「中浜万次郎漂流記」などのほか、外からの漂着記録もありました。舳先に男の首をさらした小舟に、女が一人。そんな奇怪な来訪者もいたらしい。

光太夫と磯吉の帰還は奇跡でした。しかし奇跡をもたらした何かがあった。「光太夫は、先を見て、どうすれば生き延びられるかを常に考えていた人だった」というのは、光太夫研究の盛んな三重県鈴鹿市の文化財課学芸員代田美里さんです。

カムチャッカで光太夫に出会ったフランス人旅行家レセップスは、彼の印象を「生き生きとした精神と、温厚な性格」「洞察力と、のみこみの早さ」と伝えています。一人一人を把握し、自分の考えは隠さずに述べる。その率直さ、それゆえの統率力。見聞のすべてを正確に記録する勤勉さ、好奇心——。

いかにも棟梁にふさわしい男です。十分な土産を持たせ、使節ラクスマンが丁重に送り届ける形をとったロシア側には、人間的にも能力的にも優れた光太夫に両国の橋渡し役を期待する考えもあったようです。

しかし日本側は得られたロシア情報を機密扱いにして、一切外には出さなかった。実際は「ペリーの六十年前に黒船は来ていた」（代田氏）のに、光太夫の開かれた、柔軟な、良き人間性が近代史に躍動することはなかったのです。

（3・25）

言葉の富を分かち続けて

南関東のあたりで桜が満開になった日でした。

夕方五時半すぎ、小田原へ向かう急行電車が一つ手前の駅を出ると、進行右手、真西の方角に夕暮れの富士が現れました。

何度も目にしている風景が、不思議な動きを見せています。日はすでに富士山頂の裏側へ回りかけ、山容は大きな影になっています。薄く霧状に立ちこめる雲を通して日は白く輝き、たそがれ始めた周囲を満月のように照らしています。

山の向こうへ沈もうとする日が、向きを変え、山の向こうから昇った月のように前へ出てくるのです。電車の動きにつれて。山越の弥陀の来迎を見たと、思いました。

照りかがやく風景の影像が、なまなましく目の奥に残りました。自然は時に、人間の想像をこえる現象を一場の劇のように見せてくれるものです。

その日の昼前に亡くなった大岡信さんの住む富士の裾野に向かう途中でした。取材者として三十八年、学生時代からの読者として五十年、この詩人の書くもの、語る言葉に導かれ、ひそかな座標軸としてきました。

安らかな寝顔でした。膨大な言葉を発し続けた口もとは柔らかく結ばれ、人間についてのあらゆる思索を生み続けた額は広々と鎮まっていました。その「偉大な言葉の現場」に、感謝と祈りを捧げました。

詩作を核にして多彩な詩歌論、美術批評、詩の共同制作、日本詩歌のアンソロジー編纂に及んだ大岡さんの文学的業績については、この半月の間にも多くのメディアで語られてきました。文学の外から見ていた者としてそこに加えたいのは、社会を成り立たせる根源の構造としての言葉の働きに、一貫して目を向け、心を寄せ続けた人だったということです。

言葉は他人との接点であり、社会とのつながりの出発点にして終結点でもある。言葉は次から次へ互いに呼びあい……それ自身が社会そのものなのだ──と大岡さんは言っていました。

その意識は、新聞の世界に身を置いていたことと無縁ではあり得ません。一九五三年に東大を出て読売新聞外報部の記者となった大岡さんは、外電や新聞雑誌記事の翻訳と、英連邦やフランス関連の解説を主に担当して、十年を過ごします。

そこでは言葉の社会性がすべてです。独善も半可通も用をなさない。読んで意味の通らぬものは排除される。つまり人に言葉を届けるための訓練を受け、人への想像力を鍛えられる（はずです）。彼にはそういう場が「性に合っていた」。

こんな自説を披露してくれたことがあります。社会には言葉を専門的に扱う群れが三つある。一つは学問研究の言葉を扱う学者の群れ。一つは創作表現の言葉を扱う文学の群れ。三つ目はジャーナリズムの群れ。「そのなかで最も可能性に富んでいるのは、君らジャーナリズムの言葉なんだよ」

自己の表現や主張や見解を一方向に強く打ち出す言葉で成立する学問や文学の世界に対し、ジャーナリズムの言葉は「理解」を生むための媒介物です。人と人を、人と物を、事を、つないでいく。双方向への想像力と、平衡感覚がなければ、いい状況は生まれません。

言葉を他者に届かせることはそれだけ困難な事業であり、覚悟もいるのだと、大岡さんはおそらく言おうとした。「しっかりしろ」というジャーナリズムへの叱声が聞こえるのです。

大岡信は反骨の人でした。時代の向かう方向に対しては強い疑惑を抱いていた。高度な情報化で得られる現代の快適さが、人間の個別性や独自性をコンピューターの支配する中央管理的な社会に譲り渡すことで得られる「ささやかな快適さ」であることを、正確に見通していました。四半世紀前のことです。

現代人が存在全体で感じとっている不充足感、欲求不満、漠然とした不安は、解消されることなく逆に鬱積していく――とも、警告していました。詩人の直観という以上に、人間とはどんなものか、どうやすやすと方向づけされるものかを、深く理解していた人の洞察でしょう。

しかし基本的に大岡信という詩人は希望を語る人でした。その文学的業績は、一人でも多くの人に言葉の富を分かつためのものだった。現場の先生と討論を重ねた『日本語の豊かな使い手になるために』（太郎次郎社）は、子供に言葉との良き関係を築かせる方法論の模索であり、社会の土台作りそのものでした。

現実を真っすぐ見れば、今は豊かな時代なのではない、荒野のなかに一人一人が突っ立って吠えている時代なのだ――。そこに橋を架けるように、舟を渡すように、詩を書き続けた。

一九九九年、六十八歳の時に編んだ『捧げるうた50篇』（花神社）は、人に献じた詩、呼びかけた詩の集成、人間への希望が語られた類のない詩集です。「これ一冊によって自分の詩業を判断されてもいい」とまで大岡さんは言っていました。

そのとき現代詩に明るい窓があいたと感じたことを、いま思い出します。

（4・22）

浅井忠の絶望と再生

月一度のこのコラムを始めて間もないころ（十一年も前ですが）、日本油彩画の草創期を生きた浅井忠《ちゅう》の「絶望と希望」について書いたことがあります。

すでに「春畝」「収穫」など躍動感あふれる写実の秀作をもち、黒田清輝《せいき》とともに東京美校教授を務めていた浅井は、一九〇〇年、四十代半ばで渡仏し、自分も出品するパリ万博の美術展に赴きます。そして絶望的な手紙を日本の弟に宛てて書いた。

前にも引用しましたが、文化史の重要な証言ですから、再度。

「美術工芸など云ふ事は今百年斗《ばかり》はトテモ旨く行く事はなからうと思ふと……国へ帰つては施す手段は少しもなき様に思ふと、見ぬ方が増しならんかとも思ひ居り候」「其上日本人は殊に気が小サク一人エラキものが出ると寄てタカツテイジメて仕事の出来なくなる様にする……殊に美術家とか文学者とか云ふものは咄《はな》しにならぬ腐つた社会だから、小生は今ではあきらめて、総て消極的でなんにもしないで、是から社会を退《しりぞい》て遊んで仕舞《しまわ》んとの覚悟である」

本場ヨーロッパの堅牢な造りの油絵と並んだ自分らの絵の貧弱さに、彼は打ちのめされます。歴史の違いを考えれば、それは仕方がない。作品だけの話なら、そこまで絶望しなくてもよかったはずです。しかし続く部分で浅井は人間のことを――社会のことを言っている。感情的ともいえますが「腐つた社会」と言い放つ嫌悪感は彼の本心でしょう。日本の社会に対するある鬱屈した心を抱いて浅井はパリに来ていた。

それは何だったのか、浅井忠のことを書くたびに考えます。

当時は黒田が西欧からもたらした明るい外光表現がもてはやされ、ジャーナリズムは浅井ら褐色調の画家を脂《やに》派と呼んで、新旧対立をあおります。

清廉な人柄の浅井は、素材を吟味し風土に根ざす表現を地道に紡ごうとしていましたが、いささか分が悪い。時流に乗じる方が学生たちにも受けがいい。外づらだけで内実の問われぬ社会、事大主義で回っている公正ならざる社会の姿が、彼には見えていたと思います。

作家太田治子さんの『夢さめみれば　日本近代洋画の父・浅井忠』（朝日新聞出版）は、浅井について書かれた最も新しい書物です。浅井びいきを自称する太田さんが、激しく動く幕末明治の時代状況のなかに、西欧渡来の絵画を志す一人の人間を描き出した異色の作です。

読んでみて、改めて考えさせられたことがあります。佐倉藩士の子に生まれた浅井は、絵の修業を始める前、江戸生まれの文人成島柳北に漢学を学んでいます。成島は薩長藩閥政府の言論弾圧に抵抗し、「新聞供養大施餓鬼」なる催しを開いて権力者の野暮をあざ笑った筋金入りの言論人です。こうした存在が、浅井の秘めた反骨心を養った可能性はなかったか。

間もなく入学する工部美術学校で絵画の師となるイタリア人フォンタネージは、浅井の情趣豊かな自然表現に良き影響を与えた画家です。しかし風土病ともいわれる重い脚気《かっけ》を患い、契約半ばで帰国してしまう。彼は「東京の沼沢の毒気のせい」という言葉を残しています。太田さんは「毒気とは日本の気候風土のことばかりとは思われない」と言います。からりとしない、湿地の精神風土から、浅井もまた脱出を図ることになるのです。

パリ滞在中、彼は新しく開校する京都高等工芸（現京都工芸繊維大）に赴任する話を決め、近郊のグレー村で生涯最良の制作の日を送ります。帰国後は直ちに東京を引き払い、人生の残り五年を京都で過ごします。

その時代の仕事はある程度知っているつもりでしたが、住友コレクションで知られる京都市の泉屋博古館で開催中の「浅井忠の京都遺産」展を見て、理解の浅さを恥じました。コンパクトながら充実した展示内容は、「浅井の京都」が充実していたあかしともいえます。

浅井忠がパリでアール・ヌーヴォーに衝撃を受け、日本への紹介者となったことはよく知られています。会場を入ってまず目に飛びこむのは、その作品群です。彼が高等工芸の教材用に持ち帰ったものも含まれます。

小ぶりの、その壺や瓶たちの、何と自由で伸びやかで、きりっと洒落《しゃれ》ていることか。一切の澱《おり》や沼気とは無縁の、清新な風がここには吹いている。浅井はこの風に包まれたのです。浅井の油絵は京都ではすでに終わったと言われてきました。むしろ東京という上昇志向の渦巻く沼地で人と競りあって生きる鬱陶しさを振り捨て、描くことが好きだった一点に立ち返って伸び伸び水彩の筆を走らせ、日本画も図案も自由に描き、意欲をもって若い人々を指導したということではないか。

頭のなかの空気が入れ替わったのだと思います。会場に足を運んだ太田さんも、「忠さんの潔さがよく出ている、爽やかな展覧会」と好印象を語ります。黙語先生と呼ばれた人の功徳というものかもしれません。（6・24）

放浪の果てに浄土を見た

一所不住の、いわば放浪系の画家を何人もこの欄で取りあげてきた気がします。まあ当方の性分であり年のせいでもありますが、地位や名誉で身を飾ることのなかった彼らの素のままの自由な構え、さらりとしてベタつかない存在感が、こちらの好みに合ったことは確かです。むろん、先立つものは作品の魅力です。

それにしても、不染鉄《ふせんてつ》(一八九一―一九七六)という、本邦放浪画人の系譜を近代から現代へつなぐ重要な画家の展覧会が東京のど真ん中、東京駅のなかで開かれるとは、思いもよりませんでした。近代日本の美術が、それだけ広く深く、掘り起こされてきたということでしょうか。

京都国立近代美術館の新館落成を記念する「京都の日本画」展が開かれたのは、一九八六年の秋でした。長い写生の伝統と西洋の写実性が融合し、自我に目ざめた近代絵画として個性的な深まりをみせた大正期京都日本画の、実に多彩な相を明らかにした画期的な展示でした。

六十人の作品百五十点が並ぶ風景それ自体が偉観でしたが、そのなかで、人とは全く別方向を向いて独りの想念を紡いでいたのが不染と、もう一人、入江波光という画家でした。自らの成すべきこと、描くべき世界を、真っすぐに、ひっそりと掘り下げている彼らの孤立感に比べれば、時代の潮流に棹さす他の有名画家たちは、少しばかり野心に満ちた田舎者の集団にすぎない——と、当方その時の取材メモに感想を記しています。こちらも若かった。

波光はさておき、聞いたこともなかった不染鉄の「山海図絵」は、その一点で会場を圧する異観でした。再び見る機会はないだろうと思い、担当していた日曜版「日本の四季」で紹介したのは翌年末のことです。

その絵が、開催中の「没後40年　幻の画家　不染鉄」展（東京ステーションギャラリー）に不染の独創を示す代表作として登場しています。懐かしい絵です。むしろ作品自体、不染の世界自体が、この国土への懐かしさの感覚を豊かにはらんで広がっていたことを、展覧会は語っています。

古い絵図を思わせる俯瞰構造の大画面、その中央上方に雪化粧をした富士が座り、手前に冬枯れの山野、さらに手前に海の底まで見える海岸風景、富士の向こうは深い雪に閉ざされる北国です。人家が密集し、また点在し、山あいを汽車が行きます。

筆は精細をきわめ、この一図を構成するあらゆる一つ一つがくっきり描かれている。彼は耳をそばだて、この箱庭的風景の隅々からの物音を等しく聴きとろうとしている。中心に富士があるにもかかわらず、地上のすべては等価の懐かしいものとして彼と関わっています。

作品は不染三十四歳のときの帝展入選作です。そこには、彼がそれまでに通過してきた風景、これから通過していく風景、つまり一生分の風景が凝縮され、セピアの色調を施されて静かに息づいています。

不染鉄は芝増上寺につらなる僧の子に生まれますが、育った環境は複雑で、宗門の中学では不良を演じ、「気ままに暮らせる」ゆえ絵の道に進んだものの放蕩はやまなかったらしい。伊豆大島へ流れて島の暮らしを三年、どんな経緯あってか二十七歳で京都市立絵画専門学校に入り、そのあたりから才能が開花していったようです。

絵専では特待生になり、首席で卒業した後は帝展で受賞を重ねます。しかし彼は自分の評価のためにせっせと励む人間ではなかった。努力して得られる世の名利など高が知れていることを、知っていた。頼まれて高校の校長を務めたこともありますが、画家としては終生仮住まいの茅屋で、民の風景や自然の風光を描き続けたのです。

絵専時代からの親友だった上村松篁《しょうこう》さんに、不染の話を聞いたことがあります。戦時中も彼はマイペースだった。「不染君、戦地で苦しんでいる兵隊のことも考えて、少しはおきばりやす、と私が言うと、彼は、傷痍軍人の方のことを考えて俺は昼寝してるよ、と言うんです」

「でも、人を見抜く眼力があった。唯一の欠点は、怠け者だったこと」。むしろそれは美徳だったと言うべきかもしれません。

松篁さんの話では、絵専時代、不染は「一遍上人絵伝」の模写に打ちこんでいた。遠景のなかに人家のたたずまいや人の気配を描いていく不染の目は、旅人の目です。彼の絵の構造は、一遍の一行が風景のなかを旅人となり点景となって通過していく「絵伝」の構造に重なってきます。晩年になるほどに不染の絵は不思議なアクの強さをはらみ、底深い光を放つようになります。そして展示終盤の「落葉浄土」に至ります。

とある山中の寺の境内。イチョウの大木が金色に輝く葉を降らせ、門には六地蔵、堂内には本尊以下の諸像が並んで人を迎え入れようとしています。

行き着いた先に彼はこの世の浄土を見たのです。

（7・22）

死生観をもたらした男

前回のコラムで、放浪の画家不染鉄は行き着いた先に浄土を見た、と書きました。晩年の大作に『落葉浄土』があります。

「浄土」の言葉には、明らかに極楽のイメージが重ねられています。つまり極楽浄土、弥陀の西方浄土です。現代でも、浄土といえば多くの人は極楽を思い浮かべるはずです。

幾つもある仏浄土のなかで極楽が浄土を代表する地位を得たのは、千年余り前、天台の秀でた学僧源信が比叡山中で著した『往生要集』の影響でしょう。念仏者を良き往生へ導くためのいわば指南の書です。他の浄土には目もくれず、彼は極楽浄土だけをアピールします。開祖の天台智《ち》顗《ぎ》以来、多くの経や論が極楽の優れた点を説いてきた事情もあるらしい。

源信は中国の経典などから極楽に関するあらゆる記述を拾い出して整理し、その清浄無比の風景を描写し、精神的にも満たされた真の仏道成就の場であることを説いていきます。

それだけなら、末法の到来を前にうろたえ、すがるものを求める権力者や貴族を喜ばせるだけのことだったかもしれない。源信の卓抜さは、極楽を語る前に、より現実味のある地獄の話をもってきたことです。極楽と同様あらゆる経論を渉猟し、自らも想像力を働かせて延々と、徹底的に、罪業に応じて堕《お》ちる地獄の多種多彩な様相を描き出します。恐怖心をかき立て、人々が真剣に極楽を求めるよう仕向けたのです。

発生も展開も異なる地獄と極楽が、そうして出合った。迷いの世界（特に地獄）と理想の世界（浄土、天国）を対比させる試みは、古来諸宗教を通じてなされた――と、インド哲学の故中村元博士は言っています。日本の場合は源信の頭のなかで両者が一対のものとなり、今に至る普遍的な価値の空間として生き続けてきた。

死や悲惨への想像力を通して生を考える。それは死生観をもつということです。そのための立体的な装置を、はからずも源信は作ったのかもしれません。

恵心僧都源信が七十六歳で没して今年でちょうど千年です。四十六年前、大学の卒論で地獄絵論を書いて『往生要集』の世話になった者としての挨拶のつもりで、奈良国立博物館で開催中の「源信　地獄・極楽への扉」展に足を運びました。

『往生要集』に地獄の酸鼻と極楽の清浄が対比的に語られたことは、宗教造形にも大きな影響を与え、六道絵や来迎図が盛んに描かれます。千年前の人々が想像の限りを尽くして視覚化した「人間の行く先」の図です。その名品が一堂に会した会場を気ままにめぐりました。

真っ先に立ったのは地獄草紙の前です。罪によって振り分けられたそれぞれの地獄で、業火に焼かれたり体を寸断されたりしています。激しい痛覚をもたらす図ですが、真の恐ろしさは、それが未来永劫に続くことを想像する時に生じます。

汚いものと清いものの区別のつかぬ者が堕ちる、屎糞所という地獄があります。汚物の池に首まで漬かった罪人が、怪虫に身を食われ続ける。終わりはない。沈黙の支配する、ほとんど動きのない画面。ここにあるのは痛みではなく、「永劫」という時間の戦慄です。

同じ発想の膿血所を含め地獄絵に共通するのは、果てしない反復と継続の表現です。終わりがない。それが恐怖、それが地獄なのです。

それにしても奈良博所蔵の地獄草紙は、色彩の比類ない美しさ、空間の深さ、底知れなさで、見る者を魅了します。他の六道絵の動きにみちた業火の表現など、描くうちに「はまりこんだ」絵師の顔が見えてきそうです。人間の「不幸」のかたちそのものが多様であり、古今東西、人間探究の素材を豊かに提供してきた事実に思いあたります。

そこから極楽・浄土図の会場へ進むと、空気は一変します。金彩が光を放ち、妙なる奏楽が流れます。阿弥陀浄土図、阿弥陀聖衆来迎図、山越阿弥陀図、當麻曼荼羅などから漂い出すのは、清浄の地へ迎えられることの高揚感、幸福感です。

おおむね、救われたいという欲望の肥大化とともに弥陀の引き連れる聖衆の数は増え、迎えのスピードは増していったようです。あくことのない人間の欲望のかたちが見えます。

素人の感想ですが、浄土図も来迎図も、きらびやかなものの底を流れる感覚はみなあまり変わらない。ロシアの文豪の言う通り、不幸の多様さに比べれば幸福のかたちはどれも似ているということかもしれません。

展覧会の帰り、源信の生まれた当麻の里を歩きました。信心の篤い母親のもと、彼は幼いころから當麻寺の本尊當麻曼荼羅を仰ぎ、その背後の二上山に沈む夕日を眺めて西方への意識を育んでいた可能性がある。

極楽と地獄の出合いとは、単に頭のなかに生じた観念ではなく、もっと身体化された彼の憧れと人間の現実との避けがたい衝突だったのではないか。そんなことも考えました。（8・26）

上を向くより足下を掘れ

実は「源信の母」には、源信の生涯にかかわる重要な挿話があります。前回は触れませんでしたが、むしろ現代にこそ意味のある話かもしれません。

信心篤い母のもとに育ち、十代半ばで比叡山にのぼった源信は、才気縦横、天台の教学を修めてたちまち頭角をあらわし、叡山の花形僧となります。

ある時、貴人の法会に招かれて賜った品を、当麻の里に暮らす老母に届けます。自分の活躍を報告したのでしょう。母は息子が立派になったことを喜びつつ、痛撃を食らわせます。貴人に招かれたのは結構なことだが、私はそんなことを望んでいない。華やかさや名声など求めず、修行を積んで真の高僧になってほしい。それを見届けて安らかに死にたい——と。

栄達への道を歩んでいた源信は衝撃を受けます。表舞台から身を引き、孤独に徹し、さらなる研鑽に励みます。その先に、日本文化史上の遺産というべき『往生要集』は生まれます。

母の言葉は『今昔物語集』に見られます。つまり説話です。どこまで事実かは分からない。それでもかまいません。立ち回りをして名ばかりの出世を遂げるより、名利を離れて実のある生を歩むほうが人として上等だという考え方が、千年前にもあったことは分かるわけです。

当時比叡山は源信の師良源を中心に激しい派閥抗争が続き、政治権力も絡んで俗化の様相を呈していたといいます。源信が、理由はともかく上昇への道を外れて研究に徹しなければ、世に地獄極楽も存在しなかった――というのが、当方の妄想です。

小堀四郎という昭和の油彩画家がいました。東京美術学校で特待生を通し、師藤島武二から特別に目をかけられます。滞仏五年、帰国して大個展を開き期待を集めますが、一九三五年、三十三歳を境に姿を消します。

その年、帝展改組という美術界統制の動きがあり、藤島は抵抗する若い画家の後ろ盾になります。彼は画壇随一の実力者でむしろ体制側。しかし芸術が政治に左右されてはならぬという信念は、曲げなかった。真っすぐで快活な小堀の人物を愛した藤島は、「本当に絵を追究するなら、画壇を離れて独りになれ。人間をつくれ」と忠告します。小堀はその意味を理解し、美校の同期会展につきあうだけの孤独で自由な制作を、以後半世紀貫きます。

晩年の個展で初めて多くの目に触れた彼の世界は、一見穏健な写実の裏に自然の神秘がふと口をあけているような、不思議な時空が広がっていました。驚いたのは、彼のアトリエに漂っていた「幸福感」です。

生活を支えた妻の作家杏奴《あんぬ》さんと二人、世田谷の古い洋館で天井の雨漏りを笑いながら、ひっそりと、満ち足りて暮らしていました。彼は「人間に一番大切なのは精神的自由です。それが僕にはあった。妻という最大の理解者がいました」と語り、杏奴さんは「文学で一番尊敬できる父(森鷗外)と、絵で一番尊敬できる夫をもって本当に幸せ」と語りました。

杏奴さんは八十八歳で世を去り、四郎さんはその四か月後に九十六歳で逝きました。夫妻の心ゆくまでの仕事と日常は、表舞台にあって国策にも絡んだ師藤島の、最良の置き土産でした。

盛岡出身の現代美術家村上善男(一九三三―二〇〇六)は、前衛志向の絵画を二科展に出品して岡本太郎に見いだされた作家です。二十代半ば、東京で働きながら美術に専念したいと岡本に伝えると、「お前はそこ(東北)で闘え」と叱咤されます。村上さんは腹を決め、盛岡、仙台、弘前と移り住んで制作を続けます。

見込みある若手や後進に対し「上を向くより足下を掘れ」と戒め、のちの大成に導いた指導者は、立身出世主義の近代にも少なからずいました。

その現代造形の底には、土地の歴史につらなる形態、暮らしのなかにある渋くて鮮烈な色彩の美が揺らめいて、新しくも懐かしい、独創的な風景が展開していきます。厳寒の弘前にアトリエを訪ねた時、彼は裸足でキャンバスに向かっていました。書棚は現代芸術、近現代詩、東西の古典など万巻の書物で埋まります。群れを離れて独り在ることの覚悟が、伝わってきました。

何度か書いてきた北海道岩内《いわない》の画家木田金次郎（一八九三―一九六二）は、師と慕う有島武郎の言葉で上京を断念します。六十歳をすぎ、洞爺丸台風下の岩内大火で作品の大半を失い、人生の残り八年で代表作のすべてを描いた男です。

激しい線の交錯のうちに自然空間がどんどん開けていく精彩ある画面は、近代日本油彩の比類ない実りです。有島は、彼にこう言ったのです。

「東京に来た処が智識上に多少得る処ある許《ばか》りで腕の上には何等の所得がないと思います」

「その地に居られてその地の自然と人とを忠実に熱心にお眺めなさる方がいいに決つて居ます」。

木田二十四歳。世界が急に明るくなっていくようだったと、言い残しています。（9・23）

山河の慟哭がきこえる

写真家土田ヒロミさんが初めて福島の原発事故被災地に入ったのは、事故があった年の新緑の季節でした。人の気配の消えた静寂のなかに滴るような緑が輝き立っていました。その美しさに彼は驚きます。まず目前の福島をきちんと撮ろうと思ったのも、だがこの現在は未来へどうつながるのか、秋は、冬はどうなるのか、と考えたのも自然の流れでした。月ごと、季節ごとに福島行きを繰り返し、六年半で百五十回近い撮影行を重ねてきました。放射能汚染の被災地となったすべての市町村の、およそ通行可能な全地区を巡礼のようにめぐって撮った「福島」は、五万カットにのぼります。

『ヒロシマ』『ベルリン』などの代表作を成立させてきた土田さんの主要な手法の一つは、「定点観測」です。幾つもの撮影対象を、時間をおいて継続的に撮る。作為をはさまず真っすぐに撮る。対象に変化があれば変化の形をそのまま撮る。

何年もかけて撮ったものを並べると、一点では見えなかったものが見えてくる。環境の変化、起きている問題が見えてくる。時代の姿、空気が見えてくる。過去から未来への自在な時間の往来のうちに、いつかこちらもその空間——風景の細部に入りこんで、経過した時間を体験させせられます。

行くたびに「定点」は増え、現在百か所ほどになりました。前を通れば必ず「呼ばれて」車を降りることになる。そうして置き去りにされた風景の現実を凝視し続けてきたのです。

原発から飛散した放射能は北西方向へ濃淡のある帯となって流れ、三十キロの同心円を外れる飯舘村を全村避難に追いこみます。「美しい日本の農村」の典型として知られる、自然の恵み豊かな村です。「ふるさと」の原像を求め、特に近年は意識的な村作りを進めていました。

村民がいなくなって一年半、土田さんは村の一角に奇妙な形の木々を見つけます。新緑のころに通ると、木々も青々と葉を茂らせている。ウドの畑だった。四か月後、一変してそこは枯れ野です。二か月後、紅葉がまじって空は高々と秋。一年後、木々は重なって倒れている。やがて黄色の重機が入り、今年一月、ただの平地がそこにあった。

あるいは事故から二年後に撮った富岡町内の、とある街角。三年後、家並みは消えて大きな袋が山積みにされていた。町は廃棄物の置き場になったのです。

植物や人間つまり生命の燃えていた空間が、次々に空き地になっていく。人が適度に手を入れることで花や実をつけていたものが、どんどん死滅していく。自然と人との良き共生の形が、時間とともに崩壊していく現場を、図らずも土田さんのカメラはとらえていました。

通行はできても、住む人のいない村や町を行くのは不気味でした。巡回するパトカーにも、よく誰何《すいか》されたといいます。それでも福島行きを続けたのは、「撮るとは生《なま》の現実に向きあうことですから。どんなビジュアル作るかなんて大したことじゃない。どんな現場に立ち会うかです」という、記録者の強烈な意識があったからです。


その百何回目かになる撮影に同行して、先日、福島駅前から飯舘村へ向かいました。当方、小学校入学前後の三年を福島市で過ごしましたが、当日の秋空の高さも、道路沿いに咲き乱れる花々も、確かに知っている気がするから不思議です。

のどかです。しかし擦れ違う車はなく、人の姿もありません。土田さんは、さっと車を止めては走り出て、カメラを構えます。「呼ばれた」のです。案内される定点を次々にめぐるうちに気がつきました。その多くが、除染で出た放射能汚染土を詰めたフレコンバッグという黒い大袋のある風景です。三年目ごろからこの袋が風景のなかに増え始めたといいます。

「復興」のためには多くの村民を呼び戻し、社会を再生させなければならない。そのために除染をする。田や宅地の表土をどんどん削る。どんどん廃棄土がたまる。持って行き場はない。とりあえず田畑をつぶして仮置きする。手入れされていた耕地を埋め、川沿いを埋め、谷の奥へ、共同墓地の真ん前へと、禍々《まがまが》しい黒いものは風景を埋めつくしていきます。

いずれ中間貯蔵施設に移されるにしても、袋の耐用年数は数年です。その先はどうするのか。最終施設はどうなるのか。「復興」を進めるほどに、風景の荒廃が進む。高度な文明がもたらした逆説です。

村の真ん中に立って考えました。たまたま風の向きによって、この村は大きな被害にあった。つまりこれはどの大都市でも、誰にでも起こり得た、すべての現代人の問題です。

ハンセン病医療に携わった精神科医の神谷美恵子さんは「なぜ私たちでなくてあなたが？／あなたは代って下さったのだ」という言葉を残しています。想像力の根底にこうした言葉を据え、思考と感覚を村に添わせていく以外に文明の道はないはずです。一つの手がかりにもなる土田さんの作品集『フクシマ』は、来年早々、みすず書房から刊行の予定です。

（10・28）

切実な言葉を求めて

懐かしい人のお名前を久しぶりに聞きました——。

前回、精神科医神谷美恵子さん（一九一四—七九）の詩の言葉を少しだけ引用したら、読者だったという何人かの方から声が寄せられました。

刊行から半世紀をへて今も読まれ続ける名著『生きがいについて』（みすず書房）の著者として、困難をこえ瀬戸内海の島でハンセン病の医療に携わった「無私」の人として、テレビ番組などでも紹介され記憶されてきた人です。

前回引いた「なぜ私たちでなくてあなたが？／あなたは代って下さったのだ」は、医学生時代の詩の一節です。患者一人一人に身を寄せ、隔てなく接する姿勢で慈母とも称された後年の姿をすでに語っています。

当方、四十六年前の暮れ、大学に卒論を提出した日に校門近くの書店で『生きがい…』を求め、ぽつりぽつり読み継ぎましたが、ある畏敬の念という以上の強い関心をもったわけではなかった。

昨年夏、さる知己から神谷著『若き日の日記』（同）を贈られ、時折拾い読みするうちに「はまった」のです。こんなに面白い人だったのか――。

収録分は一九四二年春から四五年末、戦時下から敗戦直後、著者二十八歳から三十一歳、医師としての出発期です。

空襲の激化する日々、あす知れぬ運命を覚悟しつつ、医学への情熱を貫こうとし、だが文学への憧れを捨てられず、その間で揺れに揺れ、自らを問い、糾弾し、幾度も切れそうになり、しかし決して切れることなく、自分の生きる道を考えぬく。日々膨大な読書をし、小説の構想をし、ピアノに向かい、自然の表情や季節の移ろいに感覚を開き、人知を超える大きな力に目ざめていく。そうしたすべてを書き続ける。面白いとは、凄いということです。

内務官僚出身の父の仕事に従い、スイスでのびやかな幼年期を過ごします。津田英学塾、東京女子医専時代は成績抜群、英独仏語を使いこなし、フランス語で考えるのが一番楽という、並はずれた能力の人だった。

「私は自分のあたえられた思考力の全部をつくして、考えぬこう」「もっともっと正直に大胆にものを考えること、絶えず考えて表わすこと」「この頃泣くほど勉強したかった気持が今夜は充たされて有難くてならない」「ああ頭が沸騰して困った」――内からあふれる衝動と格闘する医学生がいます。

反面、「自分の軽薄極まる性格、それに根ざす文章のうわずり方」「自分の心の浅さと愛の足りなさ」「私のようなインチキ人間」など、自分を批判し弱みをさらすような激しい言葉も、頻出します。

神谷さんが医学を志したのは英学塾時代、ハンセン病療養所を訪ねる機会をもったことがきっかけだったといわれます。その後、自らも二度の結核療養で死に直面しています。

実はその前、二十歳の時に同い年の「恋人」を結核で失った経験が、彼女の生涯に大きな影響を与えたらしいことが、近年の研究で分かってきています（太田雄三『喪失からの出発』岩波書店）。兄の友人で東大の美学科生だったその青年とは、彼の病ゆえに会うこともできず、互いに思いあうだけの淡い関係に終わります。

青年の死後、彼がつけていたノートを読んだ彼女は、自分への愛と憧れの言葉で埋めつくされた内容に大きな衝撃を受けます。その「血のにぢむ様な魂の苦闘」「そこからほとばしり出た清い愛の香り」を生涯忘れることなく、亡くなる年の詩草稿に「病める人をみとりたかった思いは／おのずから私の歩みをみちびき」と書いたのです。

自分自身の痛切な生きがい喪失体験が、思案と行動の始まりにあった。なぜこの方が終生、病む人の傍らにあったかを解く鍵の一つでしょう。書く文章の切実さを、深いところで支えていたものかもしれない。

後年の神谷さんを知る人は、その穏やかで温かい構え、快活で率直で心配りにみちた魅力的な人柄を一様に語っています。内面の嵐を見事に制御して静けさの地平に出た。家族にも恵まれます。時代の波や人の称賛に乗せられること、名士扱いされることを恥じ、つまらぬ精神の浪費と考えた。強固な美学です。

隔離政策下の医療者という困難な立場でひたすら患者に寄り添った記録、人の生死を見据えるエッセイ類は、今も「神谷美恵子コレクション」（みすず書房）で静かに読まれています。

新刊の『神谷美恵子　島の診療記録から』（平凡社）の栞《しおり》に文を寄せた書店「Title」店主の辻山良雄さんは「本が売れなくなったといっても、切実な本を求める人はこの時代にもしっかり存在する」といいます。「自分の深い体験から得た強靱な言葉でしか人は動かせない。誠実な語り口の本を敬遠する供給側の問題もあります」

東京杉並の住宅街に昨年開いた小書店で、辻山さんは状況を突破する品揃えを展開中です。神谷本は毎月、何冊かずつ、確実に、出て行くそうです。

（11・25）

点よりも線へ、面へ、空間へ

『バルセロナ　カタルーニャ文化の再生と展開』（竹林舎）という新刊の大冊をしばらく読んでいました。

スペイン東部カタルーニャ自治州の独立問題は、中央政府が解散した州議会の出直し選挙に独立賛成派が勝利して、分断と混乱が深まりそうな気配です。かつてここは地中海交易で栄えた連合王国だった。独自の言語、文化、歴史をもつ、スペインにしてスペインにあらざる地です。盛衰を繰り返し、フランコ独裁時代には徹底した文化弾圧で言語も禁じられました。

長く屈折した歴史のなかで、「民族意識は強いが同時に現実主義者でもある」（田澤耕氏）という気質を養ってきた人々です。その二要素がどう折り合っていくかが鍵でしょう。当方、「カタルーニャの素人」にすぎませんが、フランスとスペイン諸州に挟まれたこの小地域が、妙に日本人に近しいものであることも確かです。

イギリスの作家G・オーウェルの『カタロニア讃歌』は、スペイン市民戦争に義勇軍の一員として参加した自身によるルポルタージュです。実体験を書いた直接性ゆえか、大学が荒れた時代の日本の学生にもよく読まれていました。

音楽好きの人なら、埋もれていたバッハの「無伴奏チェロ組曲」が再び世に現れたのがバルセロナの町だったこと、楽器店の楽譜の山からその古い出版譜を見つけたのが十三歳のパブロ・カザルスだったことを、知っているかもしれません。

スペイン南部マラガに生まれたピカソにとっては、十四歳から二十三歳まで住んだバルセロナが郷里だった。ミロはバルセロナ旧市街の生まれ。代表作「農園」はカタルーニャの農場風景です。ダリなどという強烈でいかがわしい個性を生んだのもカタルーニャでした。

他にもジャポニスム、ガウディなど文化芸術の頂は幾つもありますが、書こうと思ったのは実はこの本のこと、こうした出版企画のことです。

『バルセロナ』は西欧近代美術の舞台となったパリ、ローマ、ウィーン、ベルリンなど七都市を記述する「西洋近代の都市と芸術」八巻の一冊で、四年がかりの最終配本です。カタルーニャが注目される今の時期に重なったのは巡りあわせでしょう。

日本における西欧近代美術の受容は、中心にくる作家の作品とエピソードを軸にした「有名人主義」の一面がありました。それで商売にもなったわけですが、このシリーズの方法は違います。「つまりピンポイント式ではない、もっと線へ、面へ、空間へと展開してみる必要を感じた」と、企画者の黒澤廣さん（竹林舎代表）は言います。

大家巨匠であれ、人や作品が単独で存在するわけではない。みな時代環境や社会背景、人間の往来や移動などの混沌から生成してくる——という現代的視点に立って、人間の生きた場としての都市空間と美術の関係を捉え直そうという試みです。

文学、音楽、建築、演劇など隣接分野を含む多彩な専門家の研究が各巻二十編近く。多方向から「るつぼ」の内部に光が当てられます。『バルセロナ』の田澤耕氏のようにその道の第一人者もいますが、多くは中堅新進の研究者、すべて書き下ろしの最新作です。つまり編集には大変な手間がかかる。

たとえばピカソのバルセロナ時代の経験と交友は生涯にわたって彼の行動を規定していったのに、全く軽視されてきた。それは重要な研究の多くがカタルーニャ語で発表されてきたからだ——という松田健児氏の指摘に、ピカソという作家像の新たなふくらみを覚える一方、カタルーニャの置かれた位置を改めて知ることになります。

複雑で分かりにくい民族と歴史の筋道が、少しほぐれてくる。読んで面白い専門書なのです。

黒澤さんは、かつて国文学の老舗出版社・至文堂で月刊誌形式の大シリーズ「日本の美術」を手がけた編集者です。この叢書は思いがけぬ小テーマを毎号特集し、全五百四十五号を連ねるとそこに「美術」の驚くべき広がりと深まりが出現していたという、世界にも類のない百科全書として知られます。

源氏物語の全帖を四十三冊の「解釈と鑑賞」シリーズとして出し続け、竹林舎を起こしてからは、いずれも大冊の叢書「平安文学と隣接諸学」「新時代への源氏学」「仏教美術論集」など、壮観というべき書物の森を生み出してきました。

一貫するのは、すぐには売れそうもないが出すべきと考える本を、石にかじりついても出してきたことです。「日本の美術」が三百号に達した二十六年前、黒澤さんは「一番売れないもの、こぼれ落ちるものこそ、あとで尊重される。みな気がついてあわてます」と語りました。

そうしてあわてふためいたことが、少なくとも当方には何度もあります。前にこの欄で紹介した深夜叢書社の齋藤愼爾さん、地域づくり情報誌「かがり火」の菅原歓一さんとともに、出版の常識を向こうに回す、横紙破りの痛快な存在です。

（12・23）

あとがき

本書に収めた文章は、読売新聞朝刊解説面に、二〇〇六年四月から月一回掲載しているコラム「時の余白に」の、二〇一一年十月から一七年十二月までの分を改稿したものです。前著『時の余白に』（みすず書房）には、初回から二〇一一年九月までの全六十六回分を収めましたが、今回は分量の都合で割愛したものもあり、七十二回分を収録しています。

毎月の月末近く、現在は第四土曜日に「よしなし事」を書き続けて十二年が過ぎました。週一度書いていた日曜版や夕刊の美術連載から通算すると、三十七年半の連載稼業ということになります。新聞社の定年はとうの昔に過ぎ、三十人以上いた記者の同期生もすべて社を去り、周囲の風景も社会の環境も一変したのに、締め切りに追われる自分の日常だけは何も変わっていない。考えても意味はありませんが、何でこんなことになったのか、不思議といえば不思議な話です。

「時の余白に」が始まった経緯については前著のあとがきでも触れました。メディアの競合する時代の新聞にとって最も重要な解説・論評の機能を担う面に、時には最前線の緊張感から距離を置いて一息入れるお休み処を設けるということだったと、自分では理解しています。専ら担当してきた美術の分野を中心に、その月に最も書きたいと思ったことを自由に書かせてもらってきました。こちらの関心に従って書けばそれはそのまま世の余白だ、という妙な確信があったような気もします。

これも前著に書いたことですが、好き嫌いがけっこう露骨に出ていることを、改めて読み直してみて感じます。自分にとって善きものは、継続して取材し新しい展開を追っていますから、紙面にも繰り返し出てくることになる。時代がもてはやすものや、今をときめく大物有名人みたいなものが、幸か不幸か自分の「好き」なものの範疇にまったく入ってこないことには、気がついていました。

その意味で、地域情報誌「かがり火」の発行人菅原歓一さんの言葉に出会ったことは、このコラムにとっては一つの光明でした（一五二ページ「地域を照らすかがり火」参照）。菅原さんは、この国は有名になった者が勝ちといわんばかりの社会になってしまったと言っています。政治家、学者、作家、芸能人、誰もが有名になりたがり、名前を売りこむことに汲々としている。その結果、売れるかどうかが最大の関心事になり、売れたものがいいものだという転倒した価値観が定着してしまった。この考えが日本の社会を汚染した――と。

むろん、社会を支えているのはそんな人たちではない。「売れる売れないにかかわらず黙々と自分の役割を果たしている人が世の中にはいる」と菅原さんは言います。そこにこそ救いはあるのに、マスメディアは人間の名ばかり、虚名ばかりを追いかけている、というそれは痛烈な批判にもなっています。

一つの言い方をすれば、現代の日本は実をそっちのけで見せかけを競い合っている社会です。政治家や官僚や企業経営者の生息するあたりは、すでに倫理的崩壊も進行している。そこでは、人間が長い間かけて慎重に吟味し意味を付与してきた言葉の実が、ご都合主義的に使い回されてこれも崩壊に瀕している。しかし実際に社会を支えているのはそういう人たちではない。永六輔さんの追悼（二四〇ページ「無名を愛し　有名を恥じ」参照）にも書いたように、無名に徹して黙々と自分の成すべきことに集中し、その精度を上げようと日々努めている人々こそ、現代の実の部分です。

何だか言わずもがなのことを言いましたが、月々の「新聞の余白」を埋めるにあたって、見せかけの部分と内実とのますますの乖離《かいり》、ますますの空疎化という時代の現実を感じながら、自分なりの実を求めようとして材料を探したことはたしかです。

六年前に『時の余白に』を刊行した後も続いてきた連載を、再びまとめる機会をいただけたのは好運なことでした。銅版画家丹阿弥丹波子さんのメゾチント作品は第一回から現在まで、深沈としたモノクロの静けさで連載の〈空気〉づくりに寄与してくださいました。前著に引き続き本書にも使わせていただいています。厚く御礼申し上げます。

十二年前、「美術に限らず何でも書いてみろ」と解説面に場を与えてくださった白石興二郎氏、この六、七年の間、一貫して最初の読者になってくださった大橋善光氏に感謝致します。連載にあたっては阿部匡子さん、校閲担当の皆さんに特にお世話になりました。有難うございました。書籍化に際しては、今回もみすず書房出版部長の八島慎治さんに御尽力いただきました。適切な助言の数々もいただき大いに救われました。厚く御礼申し上げます。

芥川喜好

二〇一八年六月

著者略歴

（あくたがわ・きよし）

1948年長野県に生まれ，東京に育つ．読売新聞編集委員．日本大学芸術学部講師．1972年早稲田大学文学部美術史学科卒業，読売新聞社入社．水戸支局をへて東京本社文化部で美術展評，日曜版美術連載企画などを担当．連載は1981年から通算37年，6シリーズ1274回に及ぶ．うち11年続いた「日本の四季」で1992年度日本記者クラブ賞受賞．著書に『画家たちの四季』（読売新聞社），『「名画再読」美術館』（小学館），『バラックの神たちへ』（深夜叢書社），『時の余白に』（みすず書房），詩集『至近距離への船出』（花神社），『灰と果実』（私家版）など．

芥川喜好
時の余白に 続

2018年7月17日 第1刷発行

発行所 株式会社 みすず書房
〒113-0033 東京都文京区本郷2丁目20-7
電話 03-3814-0131(営業) 03-3815-9181(編集)
www.msz.co.jp

本文組版 キャップス
本文印刷・製本所 中央精版印刷
扉・表紙・カバー印刷所 リヒトプランニング

Printed in Japan
ISBN 978-4-622-08708-3
[ときのよはくにぞく]
落丁・乱丁本はお取替えいたします